beck'sche reihe

Die großen Geschichten
der Menschheit

Als Launcelot, der beste und treueste Ritter des Königs, mit der Königin Guinever Ehebruch begeht, ist die Herrschaft von Artus dem Untergang geweiht. Mordred, der Sohn des Königs, begeht Verrat. Es kommt zur blutigen Schlacht. Mordred fällt durch die Hand seines Vaters, doch Artus selbst ist tödlich verwundet. Das Schwert Excalibur kehrt in das Wasser zurück, und eine Barke mit verschleierten Priesterinnen bringt den sterbenden König Artus nach Avalon. Launcelot und Guinever tun Buße und sterben in Frieden; seine Seele wird von Engeln in den Himmel geholt, sein Bruder beklagt den größten Helden der Welt.

Volker Mertens ist Professor für Ältere deutsche Literatur und Sprache an der Freien Universität Berlin.

DIE LETZTE SCHLACHT DES KÖNIG ARTUS

AUS THOMAS MALORYS LE MORTE D'ARTHUR

Übersetzt von
Hedwig Lachmann

Mit einem Nachwort von
Volker Mertens

Verlag C. H. Beck

Dies edle und freudenreiche
Buch heißet

Der Tod Arthurs

obzwar es handelt
von Geburt, Leben und Taten
des genannten Königs Artus /
von seinen edeln Rittern von
der Tafelrunde /
und ihren wunderbaren Fahrten und
Abenteuern / von der Vollendung des Heiligen
Grals / und schließlich von ihrer Aller
schmerzlichem Tode und Abscheiden
von dieser Welt

welches Buch ins Englische
gebracht wurde durch
den Ritter

Sir Thomas Malory

Umschlaggestaltung: Augenmaß & Wunderamt
Umschlagmotiv: Keltische Goldbrosche, ca. 300–200 v.Chr.,
British Museum, London; Foto: Werner Forman Archive
Gesetzt aus der Bembo und der Trade Gothic im Verlag
Druck und Bindung: Ebner & Spiegel, Ulm
Printed in Germany
ISBN 978 3 406 54811 6

www.beck.de

ERSTLICH, WIE UTHER PENDRAGON DEN HERZOG VON CORNWALL UND SEIN WEIB IGRAINE ZU SICH LUD, UND WIE SIE PLÖTZLICH WIEDER ABREISTEN

Es geschah in den Tagen des Uther Pendragon, als er König von ganz England war und allda regierte, daß ein mächtiger Herzog in Cornwall war, der lange Zeit gegen ihn Krieg führte. Und dieser Herzog hieß der Herzog von Tintagil. Eines Tags also entbot König Uther diesen Herzog zu sich und befahl ihm, sein Weib mitzubringen, denn sie galt als schöne und sehr kluge Frau, und ihr Name war Igraine. Als daher der Herzog und sein Weib zu dem König gekommen waren, wurden sie von großen Herren beide zu ihm geleitet. Dem König gefiel die Dame sehr, und er fiel in Liebe zu ihr, und er nahm sie beide über die Maßen freundlich auf und begehrte bei ihr zu liegen. Aber sie war eine sehr gute Frau und wollte dem König nicht zu Willen sein. Und da sprach sie zu dem Herzog, ihrem Gemahl, und sagte: Mich dünkt, wir sind entboten worden, damit ich entehrt werde; darum rate ich Euch, Gemahl, wir wollen uns schnell von hinnen heben, daß wir die ganze Nacht durch bis zu unserm Schlosse reiten. Und wie sie gesagt hatte, schieden sie, daß weder der König noch einer von seinem Rat ihren Abschied innewurden. Sowie Uther von ihrem plötzlichen Abschied gehört hatte, ergrimmte er fürchterlich. Dann berief er seinen geheimen Rat zu sich und teilte den Herren die plötzliche Entfernung des Herzogs und seines Weibes mit. Sie aber rieten dem König, mit unweigerlichem Befehl den Herzog und sein Weib vor sich zu laden. Und wenn er auf Euer Geheiß nicht kommen will, dann könnt Ihr nach Belieben verfahren, dann habt Ihr gerechten Grund, ihn mit Krieg zu überziehen. So geschah es, und die Boten bekamen ihre Antwort, und die lautete in Kürze, weder er noch sein Weib würden kommen. Da ergrimmte der König fürchterlich. Und dann schickte der König ihm klare Botschaft und hieß ihn sich fertigmachen und wohl versorgen und vorsehen, denn binnen vierzig Tagen würde er ihn aus dem festesten Schloß, das er hätte, herausholen. Als der Herzog diese Ansage erhalten hatte, machte er sich stracks auf und verproviantierte zwei seiner Schlösser mit allem, was not tat; von denen hieß das eine Tintagil und das andere Terrabil. So barg er sein Weib, Dame Igraine, im Schlosse Tintagil und sich selbst barg er in dem Schlosse Terrabil, das viele Ausgänge und heimliche Türen hatte. Dann kam eilends Uther mit einer großen Schar und fing an, das Schloß Terrabil zu belagern. Und er schlug viele Zelte auf, und auf beiden Seiten wurde viel gekämpft und viele Mannen erschlagen. Dann fiel der König Uther aus purem Zorn und großer Liebe zur schönen Igraine in Krankheit. Kam also Sir Ulfius, ein adliger Ritter, zu König Uther und fragte den König, warum er krank wäre. Ich will dich berichten, sagte der König: ich bin krank aus Zorn und aus Liebe zur schönen Igraine, daß ich nicht gesund werden kann. Wohlan, Herr, sagte Sir Ulfius, ich werde Merlin aufsuchen, und er soll Euch Hilfe schaffen, daß Euer Herz Genüge findet. So brach Ulfius auf, und er stieß auf Merlin; der war in der Tracht eines Bettlers und fragte Ulfius, wen er suche. Der aber gab zur Antwort, er hätte keine Lust, es ihm zu sagen. Wohlan, sagte Merlin, ich weiß, wen du suchst, du suchst Merlin; also suche nicht weiter, denn ich bin es, und wenn König Uther mich gut lohnen will und mir schwören, mein Verlangen zu erfüllen, wird das mehr ihm zu Ehre und Gewinn sein als mir; denn ich werde zuwege bringen, daß all sein Verlangen erfüllt wird. All das will ich auf mich nehmen, sagte Ulfius; wenn es recht und billig ist, wird dein Verlangen erfüllt werden. Wohlan, sagte Merlin, sein Wunsch und Begehren soll ihm gestillt werden. Und darum, sagte Merlin, reite du deines Weges, denn ich werde nicht lange nachher kommen.

WIE UTHER PENDRAGON GEGEN DEN HERZOG VON CORNWALL KRIEG FÜHRTE, UND WIE ER MIT MERLINS HILFE BEI DER HERZOGIN LAG UND ARTUS ZEUGTE

Da war Ulfius froh und ritt eilends dahin, bis er vor König Uther Pendragon kam und ihm sagte, daß er Merlin getroffen hatte. Wo ist er? fragte der König. Herr, sagte Ulfius, er wird nicht lange säumen; und derweilen bemerkte Ulfius, daß Merlin draußen vor dem Zelte stand. Da wurde Merlin veranlaßt, zum König zu kommen. Als König Uther ihn sah, hieß er ihn willkommen. Herr, sagte Merlin, ich kenne Euer Herz ganz und gar; und wenn Ihr mir schwört, so wahr Ihr ein gesalbter König seid, mein Verlangen zu erfüllen, sollt Ihr haben, was Ihr begehrt. Darauf legte der König den Schwur auf die vier Evangelisten ab. Herr, sagte Merlin, hört mein Verlangen: in der ersten Nacht, in der Ihr bei Igraine lieget, werdet Ihr ein Kind zeugen; und wenn das geboren ist, soll es mir übergeben werden, damit es aufwachse, wo ich es haben will; denn es soll Euch Ehre machen, und das Kind soll solchen Vorteil haben, als das Kind wert ist. Ich will so, sagte der König, wie du es haben willst. Jetzt macht Euch fertig, sagte Merlin; in dieser Nacht werdet Ihr bei Igraine im Schlosse Tintagil liegen, und Ihr werdet dem Herzog, ihrem Gemahl, gleich sein, Ulfius wird sein wie Sir Brastias, ein Ritter beim Herzog, und ich werde wie ein Ritter sein, der Sir Jordanus heißt und ein Ritter beim Herzog ist. Aber hütet Euch und fragt sie und ihre Mannen nicht viel, sagt vielmehr, daß Ihr nicht wohl seid und legt Euch schnell zu Bett und erhebt Euch am Morgen nicht, ehe ich zu Euch komme, denn Schloß Tintagil ist nur zehn Meilen von hier. So wurde der Anschlag ausgeführt. Aber der Herzog von Tintagil erspähte, wie der König von der Belagerung Terrabils wegritt, und also machte er in dieser Nacht einen Ausfall aus dem Schloß aus einem Pförtchen, um die Schar des Königs zu zerstreuen. Und so wurde durch seinen eigenen Ausfall der Herzog selber erschlagen, noch ehe der König an Schloß Tintagil angekommen war. Nach dem Tode des Herzogs also lag König Uther, mehr als drei Stunden nach seinem Tode, bei Igraine und zeugte mit ihr in dieser Nacht Artus, und ehe der Tag anbrach, kam Merlin zu dem König und hieß ihn sich fertigmachen, und so küßte er Frau Igraine und schied in großer Eile. Als aber die Frau die Nachricht von dem Herzog, ihrem Gemahl, hörte, und er nach übereinstimmendem Bericht tot gewesen war, bevor König Uther zu ihr gekommen, da wunderte sie sich, wer das gewesen sein konnte, der in der Gestalt ihres Herrn bei ihr gelegen hatte; so trauerte sie in der Stille und hielt sich ruhig. Dann baten alle Barone mit einer Stimme den König um Frieden zwischen Frau Igraine und ihm; der König gab ihnen Gehör, denn gern wollte er mit ihr in Frieden sein. So vertraute der König die ganze Verhandlung zwischen ihnen Ulfius an; und während der Verhandlung kamen schließlich der König und sie zusammen. Jetzt wollen wir ein gutes Werk stiften, sagte Ulfius; unser König ist ein starker Ritter und hat kein Weib, und Frau Igraine ist eine sehr schöne Dame: es wäre große Freude für uns alle, wenn es dem König gefällig wäre, sie zu seiner Königin zu machen. Dem stimmten alle gern bei und brachten es vor den König. Und unverzüglich gab er, wie einem starken Ritter ansteht, gern seine Zustimmung; und so wurden sie eilends an einem Morgen mit großer Lust und Freude vermählt. Und König Lot von Lothian und Orkney heiratete zugleich Margawse, die Gawains Mutter wurde, und König Nentres aus dem Lande Garlot heiratete Elaine. All das geschah auf Verlangen des Königs Uther. Und die dritte Schwester Morgan le Fay wurde in ein Kloster zur Schule gegeben, und da lernte sie so viel, daß sie eine große Meisterin der Nekromantie wurde; und später wurde sie dem König Uriens aus dem Lande Gore vermählt, der Sir Ewains le Blanchemains Vater wurde.

VON KÖNIG ARTUS' GEBURT UND WIE ER GESTILLT WURDE, UND VON KÖNIG UTHER PENDRAGONS TOD, UND WIE ARTUS ZUM KÖNIG GEWÄHLT WURDE, UND VON WUNDERN MIT EINEM SCHWERT, DAS BESAGTER ARTUS AUS EINEM STEINE ZOG

Dann wuchs Königin Igraine mit jedem Tag mehr in die Breite. Und es geschah nach einem halben Jahr, daß König Uther, als er bei seinem Weibe lag, sie bei der Treue, die sie ihm schuldete, fragte, von wem das Kind in ihrem Leibe wäre; da schämte sie sich sehr, Antwort zu geben. Seid nicht erschreckt, sagte der König, sondern sagt mir die Wahrheit, und ich will Euch, so wahr ich bei Euch bin, noch mehr liebhaben. Herr, sagte sie, ich werde Euch die Wahrheit sagen. In der nämlichen Nacht, in der mein Herr starb, in der Stunde seines Todes, wie seine Ritter berichten, kam in mein Schloß Tintagil ein Mann, der glich meinem Herrn in Rede und Gestalt, und zwei Ritter waren bei ihm, die glichen seinen zwei Rittern Brastias und Jordanus; und so ging ich mit ihm zu Bett, wie es mir mit meinem Herrn zukam, und in der nämlichen Nacht, ich schwöre es bei Gott, wurde mir dies Kind gezeugt. Das ist Wahrheit, sagte der König, was Ihr da saget: ich war es selbst, der in der Gestalt gekommen ist, und darum erschreckt Euch nicht, denn ich bin der Vater des Kindes; und nun berichtete er ihr die ganze Sache, wie alles auf Merlins Rat geschehen war. Da war die Königin von Herzen froh, als sie erfuhr, wer der Vater ihres Kindes war. Bald kam Merlin zum König und sagte: Herr, Ihr müßt Euch vorbereiten; die Zeit ist nahe, wo das Kind gestillt werden muß. Wie du willst, sagte der König, so sei es. Wohlan, sagte Merlin, ich kenne einen Eurer Vornehmen in diesem Lande, das ist ein sehr treuer und verläßlicher Mann, dem soll das Stillen Eures Kindes anvertraut werden. Sein Name aber ist Sir Ector, und er ist ein Mann mit stattlichen Besitzungen in vielen Teilen von England und Wales; sendet nun nach diesem Herrn, daß er herkomme und mit Euch rede, und sprecht ihm selbst bei seiner Liebe zu Euch Eure Bitte aus, daß er sein eigenes Kind einer andern Frau zum Stillen gibt und daß sein Weib Eures stillt. Und wenn das Kind geboren ist, sorget, daß es mir ungetauft an Eurem geheimen Pförtchen übergeben werde. Als nun Sir Ector gekommen war, gelobte er dem König, für das Stillen des Kindes so zu sorgen, wie der König begehrte; und der König gab Sir Ector reichen Lohn. Als nun die Königin überstanden hatte, befahl der König zwei Rittern und zwei Damen, das Kind zu nehmen, das in ein goldenes Tuch gebunden war, und es einem armen Mann zu übergeben, den sie an der Hinterpforte des Schlosses treffen würden. So wurde das Kind Merlin übergeben, und so trug er es fort zu Sir Ector und holte einen heiligen Mann, das Kind zu taufen, und nannte es Artus; und so stillte das Weib Sir Ectors das Kind aus ihren eigenen Brüsten.

Dann nach zwei Jahren wurde König Uther krank in schwerem Siechtum. Und derweilen fielen seine Feinde ins Land und schlugen seinen Mannen eine große Schlacht und brachten ihm viel Kriegsvolk um. Herr, sagte Merlin, Ihr könnt nicht so daliegen, Ihr müßt ins Feld, und wenn Ihr Euch von den Pferden in einer Sänfte tragen laßt; denn

Ihr werdet nie über Eure Feinde obsiegen, wenn Eure Person nicht da ist; dann aber werdet Ihr siegen. So geschah es, wie Merlin geraten hatte, und sie brachten den König in einer Sänfte mit einer großen Schar gegen seine Feinde. Und bei St. Albans stieß eine große Schar Nordmänner mit dem König zusammen. An dem Tag taten Sir Ulfius und Sir Brastias große Waffentaten, und König Uthers Mannen überwältigten die Nordmänner und erschlugen viel Volks und jagten die übrigen in die Flucht. Und dann kehrte der König nach London zurück und hielt Freudenfeste für seinen Sieg. Und dann verfiel er wieder in sehr schwere Krankheit, so daß er drei Tage und drei Nächte ohne Sprache lag: darob waren alle Barone in arger Bekümmernis und fragten Merlin, was am besten zu raten wäre. Da ist kein anderes Mittel, sagte Merlin, als daß Gottes Wille geschehe. Aber seht zu, ihr Barone alle, stellt euch morgen früh bei König Uther ein, und Gott und ich werden ihn zum Sprechen bringen. So kamen am Morgen alle Barone mit Merlin vor den König; dann sagte Merlin laut zu König Uther: Herr, soll Euer Sohn Artus Euch als König in diesem Reiche mit allen zugehörigen Herrschaften folgen? Da drehte sich Uther Pendragon um und sagte, so daß alle es hörten: Ich gebe ihm Gottes Segen und meinen und bitte ihn, er soll für meine Seele beten und soll nach Recht und Ehre die Krone beanspruchen, damit er meinen Segen nicht verwirke; und damit gab er den Geist auf und wurde bestattet, wie einem König zukommt. Darüber huben die Königin, die schöne Igraine, und alle Barone schwer zu klagen an.

Dann stand das Reich lange Zeit in großer Gefahr; denn jeder Herr, der viele Mannen unter sich hatte, überhob sich, und viele dachten, sie könnten König sein. Dann ging Merlin zu dem Erzbischof von Canterbury und riet ihm, er sollte allen Großen des Reichs und allen waffentragenden

Edeln Botschaft senden, auf daß sie, unter Androhung des Bannfluches, zur Weihnacht nach London kommen sollten, und zwar aus dem Grunde, damit Jesus, der in dieser Nacht geboren war, in seiner großen Gnade ein Wunder tun sollte, wie er gekommen war, um König der Menschheit zu sein: daß er ein Wunder tun sollte, um zu zeigen, wer rechtmäßiger König dieses Reiches sein sollte. So schickte der Erzbischof auf den Rat Merlins allen Herren und Edlen Botschaft, daß sie zur Weihnacht nach London kommen sollten. Und viele unter ihnen beichteten vorher, auf daß ihr Gebet Gott um so angenehmer sein möchte. So waren in der größten Kirche von London, ob es die St. Paulskirche war oder eine andere, erwähnt das französische Buch nicht, alle Stände lange vor Tagesanbruch versammelt, um zu beten. Und als die Mette und die erste Messe vorbei waren, sah man auf dem Kirchhof, dem Hochaltar gegenüber, einen großen viereckigen Stein, der wie ein Marmorblock war; und in seiner Mitte war etwas wie ein stählerner Amboß, etwa einen Fuß hoch, und darin stak ein blankes Schwert, als wäre es ganz hineingestoßen, und um das Schwert herum standen goldene Buchstaben, die sagten: Wer dieses Schwert aus diesem Stein und Amboß zieht, der ist rechtmäßig geborener König von ganz England. Da staunten die Herren und sagten es dem Erzbischof. Ich befehle, sagte der Erzbischof, daß ihr in eurer Kirche bleibet und noch zu Gott betet; und keiner soll das Schwert anrühren, bis die hohe Messe ganz vollendet ist. Als demnach alle Messen vollbracht waren, gingen all die Herren hinaus, um den Stein und das Schwert zu betrachten. Und als sie die Inschrift sahen, versuchten es einige; solche, die gern König gewesen wären. Aber keiner konnte das Schwert herausziehen oder vom Fleck bringen. Der ist nicht hier, sagte der Erzbischof, der das Schwert herausnimmt; aber zweifelt nicht, Gott wird ihn bekanntmachen. Dies also ist mein

Rat, sagte der Erzbischof, daß wir zehn Ritter, Männer von gutem Ruf, aufstellen, damit sie dieses Schwert bewachen. So wurde es bestellt, und damit wurde überall ausgerufen, daß jeder, der wollte, es versuchen sollte, das Schwert zu gewinnen. Und auf den Neujahrstag schrieben die Barone ein Tjosten und ein Turnier aus, daß alle Ritter, die tjosten oder turnieren wollten, da kämpfen konnten, und all das wurde veranstaltet, um die Herren und die Gemeinen zusammenzuhalten; denn der Erzbischof hatte das Vertrauen, daß Gott ihm den bezeichnen würde, der das Schwert gewinnen sollte. So ritten die Barone am Neujahrstag, als der Gottesdienst vorbei war, ins Feld, die einen, um zu tjosten, die andern, um zu turnieren, und so geschah es, daß Sir Ector, der um London herum große Besitzungen hatte, zum Tjosten ritt, und mit ihm ritt Sir Kaynus, sein Sohn, und der junge Artus, der sein Milchbruder war; und Sir Kay war am Allerheiligentag des vergangenen Jahres zum Ritter geschlagen worden. Als sie so zum Tjostwärtel ritten, vermißte Sir Kay sein Schwert, denn er hatte es in des Vaters Wohnung gelassen, und so bat er den jungen Artus, ihm nach seinem Schwert zu reiten. Das tu ich, sagte Artus, und ritt schnell nach dem Schwert; und als er heimkam, waren die Frau und alle ausgegangen, um dem Tjosten zuzusehen. Da wurde Artus ärgerlich und sagte zu sich selbst, ich will nach dem Kirchhof reiten und das Schwert an mich nehmen, das in dem Stein steckt, denn mein Bruder Sir Kay soll heute nicht ohne Schwert sein. Als er so zum Kirchhof kam, stieg Sir Artus ab und band sein Pferd an den Zaun, und so ging er zu dem Zelt und fand keine Ritter da, denn sie waren beim Tjosten; und so griff er das Schwert beim Griff und zog es leicht und fest aus dem Stein und nahm sein Pferd und ritt seines Wegs, bis er zu seinem Bruder Sir Kay kam, und übergab ihm das Schwert. Und sowie Sir Kay das Schwert sah, wußte er wohl, daß es das Schwert aus dem Steine war, und er ritt zu seinem Vater, Sir Ector, und sagte: Herr, schaut, hier ist das Schwert aus dem Steine, demnach muß ich König dieses Landes werden. Als Sir Ector das Schwert erblickte, kehrte er wieder um und kam zur Kirche, und da stiegen alle drei ab und gingen in die Kirche. Und alsbald ließ er Sir Kay auf eine Bibel schwören, wie er zu dem Schwert kam. Herr, sagte Sir Kay, durch meinen Bruder Artus, denn er brachte es mir. Wie bekamt Ihr das Schwert? fragte Sir Ector Artus. Herr, ich werde Euch berichten. Als ich nach meines Bruders Schwert heimkam, fand ich niemanden zu Hause, mir sein Schwert zu reichen, und so dachte ich, mein Bruder Sir Kay sollte nicht schwertlos bleiben, und ritt stracks hierher und zog es ohne Mühe aus dem Stein. Fandet Ihr keine Ritter bei dem Schwert? fragte Sir Ector. Nein, sagte Artus. Jetzt, sagte Sir Ector zu Artus, meine ich, Ihr müßt König dieses Landes werden. Wieso ich, fragte Artus, und aus welchem Grunde? Herr, sagte Ector, weil Gott es so will; denn nie hätte jemand dieses Schwert herausgezogen, es sei denn der, der von Rechten König dieses Landes sein soll. Jetzt laßt mich sehen, ob Ihr dieses Schwert wieder hineinstecken könnt, wie es war, und es wieder herausziehen. Das ist kein Kunststück, sagte Artus, und so steckte er es in den Stein, worauf Sir Ector versuchte, das Schwert herauszuziehen, und nicht konnte.

WIE KÖNIG ARTUS DAS SCHWERT ETLICHE MALE HERAUSZOG

Jetzt versucht Ihr es, sagte Sir Ector zu Sir Kay. Und alsbald zog er mit seiner ganzen Kraft an dem Schwert, aber es wollte nicht gehen. Jetzt sollt Ihr es versuchen, sagte Sir Ector zu Artus. Das will ich, sagte Artus, und zog es leicht heraus. Und alsobald kniete Sir Ector zu Boden, und Sir

Kay desgleichen. Ach, sagte Artus, mein eigener lieber Vater und Bruder, warum kniet ihr vor mir? Nein, nein, Artus, mein Herr, es ist nicht so: ich war nie Euer Vater; aber ich ahnte wohl, Ihr seid aus höherem Blut, als ich wähnte, daß Ihr wäret. Und dann erzählte ihm Sir Ector alles: wie er ihm anvertraut worden war, um ihn aufzuziehen, und auf wessen Befehl und durch Merlins Darreichung. Da erhob Artus großes Klagen, als er erfuhr, daß Sir Ector nicht sein Vater war. Herr, sagte Ector zu Artus, wollt Ihr mir ein guter und gnädiger Herr sein, wenn Ihr König seid? Sonst wäre ich zu tadeln, sagte Artus; denn Ihr seid in der Welt der Mann, dem ich am meisten verpflichtet bin, und die gute Herrin und Mutter, Euer Weib, die mich wie ihr eigenes Kind genährt und gehalten hat. Und wenn es je Gottes Wille wäre, daß ich König werde, wie Ihr sagt, so sollt Ihr von mir begehren, was ich tun soll, und ich werde es Euch nicht abschlagen, Gott verhüte, daß ich es Euch abschlage. Herr, sagte Sir Ector, ich verlange nicht mehr von Euch, als daß Ihr meinen Sohn, Euren Pflegebruder, Sir Kay, zum Seneschall in all Euren Ländern macht. Das soll geschehen, sagte Artus, und dazu noch, so wahr ich hier stehe, daß kein Mann das Amt haben soll als er, solange er und ich leben. Damit gingen sie zum Erzbischof und sagten ihm, wie das Schwert gezogen worden sei und von wem. Und am Dreikönigstag kamen alle Barone dahin, um zu versuchen, das Schwert zu gewinnen, wer immer versuchen wollte. Aber von ihnen allen konnte es keiner herausziehen als Artus. Darum waren viele Herren erzürnt und sagten, es wäre eine große Schande für sie alle und das Reich, von einem Knaben beherrscht zu werden, der nicht aus hohem Geblüt kam. Und sie kamen damals nicht überein, so daß es bis Lichtmeß aufgeschoben wurde, und da sollten alle Barone wieder zusammenkommen; aber immer waren die zehn Ritter bestellt, das Schwert Tag und Nacht zu bewachen, und sie bauten ein Zelt über dem Stein und dem Schwert, und fünf wachten immer. So kamen zu Lichtmeß viel mehr große Herren dahin, um das Schwert zu gewinnen, aber keiner konnte siegen. Und gerade wie Artus zu Weihnacht getan hatte, tat er zu Lichtmeß und zog das Schwert leicht heraus, wodurch die Barone sehr bekümmert wurden, und verschoben es zum hohen Osterfest. Und wie Artus es zuvor vollbracht hatte, so tat er es zu Ostern; aber einige der großen Herren waren erzürnt, daß Artus König sein sollte, und verschoben es bis zum Pfingstfest. Dann ließ der Erzbischof von Canterbury auf Merlins Rat die besten Ritter kommen, die sie finden konnten, und solche Ritter, die Uther Pendragon bei seinen Lebzeiten am meisten geliebt und denen er am meisten vertraut hatte. Und mit solchen Rittern wurde Artus umgeben wie Sir Baldwin von Britannien, Sir Kaynus, Sir Ulfius, Sir Brastias. All diese mit vielen andern waren immer Tag und Nacht um Artus, bis das Pfingstfest kam.

WIE KÖNIG ARTUS GEKRÖNT WURDE UND WIE ER WÜRDENTRÄGER ERNANNTE

Und zu Pfingsten versuchten allerhand Männer, das Schwert herauszuziehen, aber keiner konnte es vollbringen außer Artus; der zog es vor allen Herren und Gemeinen, die da waren, heraus, worauf alle Gemeinen mit einer Stimme riefen: Wir wollen Artus zu unserm König haben, wir wollen ihn nicht länger warten lassen; denn wir alle sehen, daß es Gottes Wille ist, daß er unser König sei, und wer gegen ihn steht, den wollen wir erschlagen. Und damit knieten sie alle auf einmal zu Boden, reich und arm, und baten Artus flehentlich um Gnade, daß sie ihn so lange hatten warten lassen. Und Artus verzieh ihnen und nahm sein Schwert in seine beiden Hände und legte es auf den Altar nieder, wo der Erzbischof stand, und so wurde er von dem besten Manne, der da war, zum Ritter geschlagen. Und sofort ging man an die Krönung. Und da wurde er seinen Herren und den Gemeinen vereidigt, daß er ein wahrer König sein wollte und wahre Gerechtigkeit pflegen von nun an, solange er lebe. Alsdann ließ er alle Herren, die ihr Land von der Krone hatten, hereinkommen und ließ sie Dienste tun, wie sich gebührte. Und viele Klagen wurden vor Sir Artus gebracht von großer Unbill, die seit dem Tode König Uthers geschehen war, von vielen Ländern, die Herren, Rittern, Frauen und Edelleuten genommen worden waren. Und darauf ließ König Artus die Länder wieder denen geben, denen sie gehörten. Als dies geschehen war, daß der König alles Land im Umkreis Londons festgesetzt hatte, ließ er Sir Kay zum Seneschall von England machen; und Sir Baldwin von Britannien wurde zum Konnetabel gemacht und Sir Ulfius zum Kämmerer; und Sir Brastias wurde zum Wardein gemacht, über den Norden vom Trent aufwärts zu wachen, denn da waren damals meistens des Königs Feinde. Aber im Laufe etlicher Jahre eroberte Artus den ganzen Norden, Schottland und alles, was unter dessen Schirm stand. Auch ein Teil von Wales stand gegen Artus; aber er überwältigte sie alle, wie er den übrigen tat, durch seine adlige Tapferkeit und die Tapferkeit seiner Ritter der Tafelrunde.

WIE KÖNIG ARTUS EIN WEIB NAHM UND GUINEVER HEIRATETE, DIE TOCHTER LEODEGRANCES, KÖNIGS IM LANDE CAMELIARD, VON DEM ER DIE TAFELRUNDE BEKAM

In den Anfängen Artus', nachdem er durch Abenteuer und durch Gnade zum König gewählt worden war, denn die meisten Barone erfuhren erst, daß er Uther Pendragons Sohn war, als Merlin es offenbart hatte; aber doch führten viele Könige und Herren um dieser Sache willen großen Krieg gegen ihn, aber Artus überwand sie alle, denn in der meisten Zeit seines Lebens vermochte Merlins Rat viel über ihn; so geschah es zu einer Zeit, daß König Artus zu Merlin sagte: Meine Barone lassen mir keine Ruhe, ich muß mir durchaus ein Weib nehmen, und ich will nur mit deinem Rat und deiner Hilfe eines nehmen. Wohlgetan, sagte Merlin, daß Ihr ein Weib nehmt, denn ein Mann von Eurem Adel und Eurer Milde soll nicht ohne Weib sein. Gibt es nun eine, die Ihr mehr liebt als eine andere? Ja, sagte König Artus, ich liebe Guinever, die Tochter des Königs Leodegrance vom Lande Cameliard, desselben, der in seinem Hause die Tafelrunde hat, von der Ihr mir sagtet, daß er sie von meinem Vater Uther bekommen hat. Und dieses Fräulein ist von allen, die leben oder die ich je finden konnte, die prächtigste und schönste Dame, die ich kenne. Herr, sagte Merlin, was ihre Gestalt und Schönheit angeht, ist sie eine der Schönsten, die leben: aber wenn Ihr sie nicht so liebtet, wie es der Fall ist, so könnte ich Euch ein schönes und gutes Fräulein finden, das Euch gefiele und behagte, wenn Euer Herz nicht gefangen wäre; aber wo das Herz eines Mannes gefangen ist, da will er nicht weggehn. Das ist wahr, sagte König Artus. Aber Merlin warnte den König heimlich, es brächte ihm kein Heil, Guinever zum Weib zu nehmen, denn er warnte ihn, Launcelot würde sie lieben und sie ihn wieder, und so wandte er seinen Bericht zu den Geschicken des Grals. Dann bat Merlin den König, er solle ihm Männer mitgeben, um mit ihnen um Guinever zu werben, und der König gewährte es ihm. Und Merlin begab sich zu Leodegrance von Cameliard und teilte ihm den Wunsch des Königs mit, daß er Guinever, seine Tochter, zum Weib haben wollte. Das ist für mich, sagte König Leodegrance, die beste Botschaft, die ich je hörte, daß ein so würdiger König und adliger Held meine Tochter zur Ehe begehrt. Und was meine Länder sind, so würde ich sie ihm geben, wüßte ich, daß er sie haben will; aber er hat Länder genug, er braucht keine, aber ich will ihm eine Gabe schikken, die soll ihm besser gefallen, denn ich werde ihm die Tafelrunde geben, die Uther Pendragon mir gegeben hat, und wenn sie voll besetzt ist, dann sind es hundertundfünfzig Ritter. Und hundert gute Ritter habe ich selbst, aber fünfzig fehlen mir, denn so viele sind in meinen Tagen erschlagen worden. Und so übergab Leodegrance Merlin seine Tochter Guinever und die Tafelrunde mit den hundert Rittern, und so fuhren sie mit großem Gepränge frisch dahin, teils zu Wasser und teils zu Land, bis sie in die Nähe Londons kamen.

WIE DIE RITTER DER TAFELRUNDE EINGESETZT WURDEN, UND WIE IHRE SITZE VOM BISCHOF VON CANTERBURY GEWEIHT WURDEN

Als König Artus erfuhr, daß Guinever und die hundert Ritter mit der Tafelrunde nahten, da freute sich König Artus gewaltig über ihr Kommen und das reiche Geschenk und sagte offen: Diese schöne Frau ist mir sehr willkommen, denn ich habe sie lange geliebt, und daher kann mir nichts so lieb sein. Und diese Ritter mit der Tafelrunde behagen mir besser als große Königreiche. Und eilends ließ der König Anordnungen für die Heirat und die Krönung in der prächtigsten Art, die man ersinnen konnte, treffen. Jetzt, Merlin, sagte König Artus, geh und erforsche mir im ganzen Land die fünfzig kühnsten und wackersten Ritter. Binnen kurzer Zeit hatte Merlin solche Ritter, wie sie gebraucht wurden, gefunden, achtundzwanzig Ritter, aber mehr konnte er nicht finden. Dann wurde der Bischof von Canterbury geholt, und er weihte die Sitze mit großem Gepränge und frommen Bräuchen, und dann setzten sich die achtundzwanzig Ritter in ihre Sitze. Und als dies getan war, sagte Merlin: Werte Herrn, ihr müßt alle aufstehn und zu König Artus kommen, um ihm zu huldigen; er wird dann um so besser gewillt sein, euch in dem zu schützen, was euch zukommt. Und so standen sie auf und huldigten, und als sie gegangen waren, fand Merlin auf allen Sitzen Buchstaben von Gold, die die Namen der Ritter meldeten, die darin gesessen waren. Aber zwei Sitze waren leer. Und alsbald kam der junge Gawain und bat den König um eine Gabe. Sprich, sagte der König, und ich will deinen Wunsch gewähren. Herr, ich bitte, daß Ihr mich am nämlichen Tag, an dem Ihr die schöne Guinever heiratet, zum Ritter machet. Das will ich gern tun, sagte der König Artus, und will Euch alle Ehre erweisen, die ich vermag, denn ich muß wohl, da Ihr mein Neffe seid, meiner Schwester Sohn.

WIE EIN ARMER MANN, DER AUF EINEM MAGEREN GAUL GERITTEN KAM, VON KÖNIG ARTUS BEGEHRTE, SEINEN SOHN ZUM RITTER ZU MACHEN

Derweile kam ein armer Mann zu Hof und brachte einen schönen Jüngling von achtzehn Jahren mit sich, er ritt aber auf einem mageren Gaul; und der arme Mann fragte alle Leute, die er traf: Wo finde ich König Artus? Dort ist er, sagten die Ritter. Willst du etwas von ihm? Ja, sagte der arme Mann, darum kam ich hierher. Gleich, als er vor den König trat, grüßte er ihn und sagte: O König Artus, Blüte aller Ritter und Könige, ich flehe zu Jesus, er möge dich schirmen. Herr, mir wurde gesagt, Ihr wolltet zu dieser Zeit Eurer Verehelichung jedem die Gabe geben, die er begehren würde, es sei denn, es wäre unvernünftig. Das ist wahr, sagte der König. Das ließ ich ausrufen und das will ich halten, wenn es nicht mein Reich und meine Länder schädigt. Gut und gnädig gesagt, sagte der arme Mann; Herr, ich begehre nichts weiter, als daß Ihr meinen Sohn hier zum Ritter machet. Das ist viel, was du von mir verlangst, sagte der König. Wie heißest du? fragte der König den armen Mann. Herr, mein Name ist Aries der Kuhhirt. Kommt das nun von dir oder von deinem Sohn? fragte der König. Nein, Herr, sagte Aries, das Begehren kommt von meinem Sohn und nicht von mir, denn ich will Euch berichten, ich habe dreizehn Söhne und alle sind zufrieden mit der Arbeit, an die ich sie stelle, und sind recht vergnügt die Arbeit zu tun, aber dieses Kind will nicht für mich arbeiten, mein Weib oder ich mögen tun, was wir wollen, sondern immer will er schießen oder mit dem Speer werfen, und es ist seine Freude, Kämpfen zuzusehn und Ritter anzuschaun, und immer, Tag und Nacht, begehrt er von mir, er wolle ein Ritter werden. Wie heißest du? fragte der König den Jüngling. Herr, ich heiße Tor. Der König sah ihn fest an und gewahrte, daß er ein schönes Gesicht hatte und für seine Jahre stattlich gebaut war. Wohlan, sagte König Artus zu Aries dem Kuhhirten, bring all deine Söhne vor mich, damit ich sie sehen kann. Und so tat der arme Mann, und alle sahen dem armen Mann ähnlich, aber Tor war nicht wie einer von ihnen im Aussehn noch in der Haltung, vielmehr war er weitaus mehr als sie. Nun, sagte König Artus zu dem Kuhhirten, wo ist das Schwert, mit dem er zum Ritter gemacht werden soll? Hier ist es, sagte Tor. Zieht es aus der Scheide, sagte der König, und begehret von mir, Euch zum Ritter zu machen. Dann stieg Tor von seinem Gaul ab und zog kniend das Schwert und begehrte vom König, er sollte ihn zum Ritter machen, und er möchte ein Ritter der Tafelrunde sein. Zum Ritter will ich Euch machen, und damit schlug er ihn mit dem Schwert in den Nacken und sagte: Seid ein guter Ritter, und ich bete zu Gott, Ihr möchtet es sein, und wenn Ihr tapfer und würdig seid, so sollt Ihr ein Ritter der Tafelrunde werden. Nun, Merlin, sagte Artus, sag, ob dieser Tor ein guter Ritter sein wird oder nicht. Ja, Herr, er sollte ein guter Ritter werden, denn er stammt von einem so tüchtigen Mann, wie irgendeiner lebt, und von Königlichem Geblüt. Wieso, Herr, fragte der König. Das will ich Euch sagen, sagte Merlin: Dieser arme Mann, Aries der Kuhhirt, ist nicht sein Vater, er ist gar nicht verwandt mit ihm, denn König Pellinore ist sein Vater. Das stimmt nicht, sagte der Kuhhirt. Führe dein Weib vor mich, sagte Merlin, sie wird nicht nein sagen. Eilends wurde das Weib geholt, und sie war eine stattliche Hausfrau, und sie antwortete Merlin ganz weiblich und erzählte dem König und Merlin, ihr sei, als sie ein Mädchen war und zum Kühemelken ging, ein strenger Ritter begegnet, und halb mit Gewalt nahm er mir meine Jungfernschaft, und da zeugte er meinen Sohn Tor, und er hat meinen Windhund, den ich damals bei mir hatte, mitgenommen und gesagt, er wollte den Windhund mir zulieb behalten. Ach! sagte der Kuhhirt, ich habe dies nicht gewußt, aber ich will es wohl glauben, denn er hatte nie ein Fleckchen von mir. Herr, sagte Tor zu Merlin, entehrt meine Mutter nicht. Herr, sagte Merlin, es ist Euch mehr zur Ehre als zum Schaden, denn Euer Vater ist ein trefflicher Mann und ein König, und er mag ganz wohl Euch und Eure Mutter emporheben, denn Ihr wurdet erzeugt, ehe sie verheiratet war. Das ist wahr, sagte das Weib. Drum kümmert es mich auch weniger, sagte der Kuhhirt.

WIE SIR TOR ALS KÖNIG PELLINORES SOHN ERKANNT WURDE, UND WIE GAWAIN ZUM RITTER GEMACHT WURDE

So kam am Morgen König Pellinore zum Hof des Königs Artus, der sich sehr mit ihm freute und ihm von Tor berichtete, wie er sein Sohn war, und wie er ihn auf Bitten des Kuhhirten zum Ritter gemacht hatte. Als Pellinore Tor betrachtete, gefiel er ihm sehr. Dann machte der König Gawain zum Ritter, aber Tor war der erste gewesen, den er auf dem Fest zum Ritter gemacht hatte. Aus welchem Grunde, fragte König Artus, sind zwei Plätze in den Sitzen leer? Herr, sagte Merlin, keiner soll auf diesen Plätzen sitzen als die, die die würdigsten sind. Aber in dem Gefährlichen Sitz soll niemand sitzen als einer, und wenn jemand so kühn wäre, es zu tun, wird er vernichtet werden, und der, der hier sitzen wird, wird nicht seines Gleichen haben. Und damit nahm Merlin den König Pellinore bei der Hand, und mit der andern Hand wies er auf den Platz, der den zwei Sitzen und dem Gefährlichen Sitz zunächst war und sagte, – daß alle es hörten: Dies ist Euer Platz, und am meisten von allen, die hier sind, verdient Ihr, hier zu sitzen. Darüber saß Sir Gawain in großem Neid und sagte zu Gaheris, seinem Bruder: Der Ritter dort ist zu großer Ehre erhoben worden, und das kränkt mich sehr, denn er hat unsern Vater, König Lot, erschlagen, und darum will ich ihn erschlagen, sagte Gawain, mit einem Schwert, das mir geschickt wurde und das sehr scharf ist. Das sollt Ihr jetzt nicht tun, sagte Gaheris, denn jetzt bin ich nur ein Knappe, und wenn ich Ritter geworden bin, will ich Rache an ihm nehmen, und daher, Bruder, ist es das beste, Ihr geduldet Euch bis zu einer anderen Zeit, wo wir ihn außerhalb des Hofes treffen, denn wenn wir es täten, würden wir diese Hochzeit stören. Ich will tun, sagte Gawain, wie Ihr sagt.

WIE AUF DEM FEST DER HOCHZEIT DES KÖNIGS ARTUS MIT GUINEVER EIN WEISSER HIRSCH UND DREISSIG PAAR HUNDE IN DIE HALLE KAMEN, UND WIE EINE DOGGE DEN HIRSCH ZERRISS UND GERAUBT WURDE

Dann wurde die Hochzeit gerüstet, und der König wurde in Camelot in der St. Stephanskirche mit großer Feierlichkeit der Dame Guinever angetraut. Und als alle nach ihrem Range saßen, kam Merlin zu allen Rittern der Tafelrunde und hieß sie stillsitzen, auf daß keiner von ihnen sich rührte. Denn ihr sollt ein seltsames und ein wunderbares Abenteuer sehn. Als sie denn so saßen, kam ein weißer Hirsch in die Halle gesprengt, und eine weiße Dogge gleich hinter ihm her, und dreißig Paar schwarze Hetzhunde folgten mit wildem Geheul, und der Hirsch sprang um die Tafelrunde wie um die andern Tafeln, und die weiße Dogge biß ihn in den Schenkel und riß ein Stück heraus, worauf der Hirsch einen großen Satz machte und über einen Ritter sprang, der an der Seite der Tafel saß, und flugs stand der Ritter auf und ergriff die Dogge und schritt so zur Halle hinaus und nahm sein Pferd und ritt seines Wegs mit der Dogge. Gleich darauf kam eine Dame auf einem weißen Zelter und rief laut König Artus zu: Herr, duldet nicht, daß mir dieser Schimpf angetan wird, denn die Dogge, die der Ritter mit sich führte, gehörte mir. Ich kann darin nichts tun, sagte der König. Darüber kam ein Ritter in voller Rüstung auf einem großen Pferd herein und nahm die Dame mit Gewalt mit sich fort, und darüber schrie sie laut und hub großes Jammern an. Als sie fort war, war der König froh, denn sie hatte solch einen Lärm gemacht. Nein, sagte Merlin, Ihr dürft diese Abenteuer nicht so leicht nehmen, denn diese Abenteuer, die hier waren und gegangen sind, müssen wieder hierhergebracht werden, sonst wäre es Schmach für Euch und Euer Fest. Ich will, sagte der König, daß alles geschehe, wie Ihr ratet. Dann, sagte Merlin, laßt Sir Gawain rufen, denn er muß den weißen Hirsch wiederbringen. Ferner, Herr, müßt Ihr Sir Tor rufen lassen, denn er muß die Dogge und den Ritter wiederbringen oder ihn erschlagen. Auch laßt König Pellinore rufen, denn er muß die Dame und den Ritter wiederbringen oder ihn erschlagen. Und diese drei Ritter werden wunderbare Abenteuer bestehen, ehe sie wieder zurück sind. Dann wurden sie all drei berufen, wie eben erwähnt, und jeder von ihnen übernahm seine Pflicht, und bewaffneten sich sorgsam. Aber Sir Gawain hatte den ersten Auftrag, und also wollen wir mit ihm beginnen.

WIE SIR GAWAIN AUSRITT, UM DEN HIRSCH WIEDER ZU HOLEN, UND WIE ZWEI BRÜDER UM DEN HIRSCH MITEINANDER KÄMPFTEN

Sir Gawain ritt seines Wegs, und Gaheris, sein Bruder, ritt mit ihm an Stelle eines Knappen, um ihm zur Hand zu sein. Als sie so dahinritten, sahen sie zwei Ritter, die zu Pferd heftig miteinander kämpften, so ritten Sir Gawain und sein Bruder zwischen sie und fragten sie, warum sie so kämpften. Der eine Ritter antwortete und sagte: Wir kämpfen um ein einfaches Ding, denn wir zwei sind zwei Brüder, geboren und gezeugt von einem Mann und einer Frau. Wehe, sagte Sir Gawain, warum tut ihr das? Herr, sagte der ältere, ein weißer Hirsch kam heute dieses Wegs, und viele Hunde hetzten ihn, und eine weiße Dogge war ihm immer zunächst auf den Fersen, und wir erfuhren, es war ein Abenteuer, das zur Hochzeit des Königs Artus veranstaltet wurde, und daher wollte ich den Hirsch verfolgen, um Ehre zu gewinnen; und mein jüngerer Bruder hier sagte, er wollte den Hirsch verfolgen, denn er wäre ein besserer Ritter als ich. Und so fingen wir an zu streiten und dachten so auszumachen, wer von uns beiden der bessere Ritter wäre. Das ist ein einfaches Ding, sagte Sir Gawain, wäret ihr nicht zusammen verwandt, so dürftet ihr freilich kämpfen, aber nicht Bruder gegen Bruder; wenn ihr also nicht tut, wie ich rate, will ich mit euch anbinden, das heißt, ihr sollt euch mir ergeben und ihr sollt zu König Artus gehen und euch ihm auf Gnad und Ungnad ergeben. Herr Ritter, sagten die zwei Brüder, wir sind müde vom Kampf und haben durch unser hitziges Streiten viel Blut verloren, und darum möchte es uns übel passen, mit Euch anzubinden. Dann tut, wie ich euch heiße, sagte Sir Gawain. Wir wollen Euern Willen tun; aber durch wen sollen wir sagen, daß wir dorthin geschickt werden? Ihr könnt sagen, von dem Ritter, der der Spur des Hirsches folgt, der weiß war. Und wie heißt ihr? fragte Gawain. Sorlouse vom Wald, sagte der ältere. Und ich, sagte der jüngere, heiße Brian vom Wald. So schieden sie und ritten zum Hof des Königs und Sir Gawain auf seiner Spur. Und wie Gawain dem Hirsch durch das Bellen der Hunde folgte, war gerade vor ihm ein großer Fluß, und der Hirsch schwamm hinüber; und als Sir Gawain ihm nachfolgen wollte, da stand auf der andern Seite ein Ritter und sagte: Herr Ritter, komm nicht herüber wegen dieses Hirsches, wenn du nicht mit mir kämpfen willst. Darum, sagte Sir Gawain, will ich nicht abstehen, der Spur, auf der ich bin, zu folgen, und so trieb er sein Pferd ins Wasser und schwamm hinüber. Und sofort legten sie ihre Speere ein und rannten heftig zusammen; aber Sir Gawain warf ihn vom Pferd, und dann wandte er sein Pferd und hieß ihn sich ergeben. Nein, sagte der Ritter, nicht so, denn du bist mir zu Pferd überlegen. Ich bitte dich, tapferer Ritter, steig zu Boden und messen wir uns mit Schwertern. Wie heißt Ihr? fragte Sir Gawain. Allardin von den Inseln, sagte der andere. Dann huben sie beide ihre Schilde und schlugen aufeinander ein, aber Sir Gawain traf ihn so heftig durch den Helm, daß der Schlag durch den Schädel ging und der Ritter tot niederfiel. Ah! sagte Gaheris, das war ein mächtiger Streich für einen jungen Ritter.

WIE DER HIRSCH IN EINE BURG GETRIEBEN UND DORT ERSCHLAGEN WURDE, UND WIE SIR GAWAIN EINE DAME ERSCHLUG

Dann ritten Gawain und Gaheris weiter dahin auf der Spur des weißen Hirsches und hetzten drei Paar Windhunde hinter dem Hirsch her, und so jagten sie den Hirsch in eine Burg, und in dem Hof der Burg rissen sie den Hirsch nieder; Sir Gawain und Gaheris folgten hinterher. In dem Augenblick kam ein Ritter aus einem Gemach mit einem bloßen Schwert in der Hand und erschlug zwei von den Windhunden gerade vor den Augen Sir Gawains, und die übrigen jagte er mit seinem Schwert aus der Burg. Und als er wiederkam, sagte er: O mein weißer Hirsch, mich reut, daß du tot bist, denn meine Herrin gab dich mir, und schlecht habe ich dich gehütet, und dein Tod soll teuer erkauft werden, wenn ich lebe. Und stracks ging er in sein Gemach und rüstete sich und kam stattlich heraus und traf da mit Sir Gawain zusammen. Warum habt Ihr meine Hunde erschlagen? fragte Sir Gawain, denn sie taten nur, was ihrer Natur entsprach, und es wäre mir lieber, Ihr hättet Euern Zorn an mir ausgelassen als an einem unvernünftigen Tier. Du sprichst wahr, sagte der Ritter, ich habe mich an deinen Hunden gerächt, und so will ich an dir, ehe du gehst. Dann stieg Sir Gawain vom Pferd und hob seinen Schild, und sie schlugen gewaltig aufeinander ein und zerspalteten ihre Schilde und zerschmetterten ihre Helme und schnitten durch ihre Panzer, daß das Blut zu ihren Füßen herabfloß. Schließlich traf Sir Gawain den Ritter so stark, daß er zu Boden fiel, und dann schrie er um Gnade und ergab sich ihm und flehte ihn an, so er ein Ritter und Edelmann wäre, sein Leben zu schonen. Du sollst sterben, sagte Sir Gawain, du hast meine Hunde erschlagen. Ich will Buße leisten, sagte der Ritter, soviel in meiner Macht steht. Sir Gawain wollte keine Gnade geben, sondern machte ihm den Helm los, um ihm das Haupt abzuschlagen. In dem Augenblick kam seine Herrin aus einem Gemach und fiel über ihn her, und so schlug er ihr aus Mißgeschick den Kopf ab. Wehe, sagte Gaheris, das ist gräßlich und schändlich getan, diese Schmach wird nie von dir weichen; auch solltest du denen Gnade schenken, die um Gnade bitten, denn ein Ritter ohne Gnade ist ohne Ehre. Sir Gawain war so niedergeschmettert über den Tod dieser schönen Dame, daß er nicht wußte, was er tat, und sagte zu dem Ritter: Steh auf, ich will dir Gnade geben. Nein, nein, sagte der Ritter, ich kann jetzt nichts mehr mit Gnade anfangen, denn du hast meine Geliebte und meine Herrin erschlagen, die ich von allen irdischen Dingen am meisten geliebt habe. Mich reut es bitter, sagte Sir Gawain, denn ich vermeinte auf dich zu schlagen;

aber jetzt sollst du zu König Artus gehn und ihm von deinen Abenteuern berichten, und wie du von dem Ritter überwunden bist, der auf der Spur des weißen Hirsches fortgeritten war. Ich kümmere mich nichts darum, sagte der Ritter, ob ich lebe oder sterbe; aber weil ihm der Tod angedroht wurde, schwor er, zu König Artus zu gehen, und er band ihm einen Windhund vor ihm auf das Pferd und einen andern hinter ihm. Wie heißt Ihr? fragte Sir Gawain, ehe wir uns trennen. Mein Name ist, sagte der Ritter, Ablamor von der Marsch. So schied er und wandte sich nach Camelot.

WIE VIER RITTER GEGEN GAWAIN UND GAHERIS KÄMPFTEN, UND WIE SIE ÜBERWUNDEN WURDEN UND DURCH DIE BITTE VON VIER DAMEN IHR LEBEN RETTETEN

Und Sir Gawain ging in die Burg und rüstete sich, die ganze Nacht dort zu liegen, und wollte seine Rüstung und Waffen ablegen. Was wollt Ihr tun? fragte Gaheris, wollt Ihr Euch in diesem Land entwaffnen? Bedenket, Ihr habt hier viele Feinde. Sie hatten das Wort kaum gesprochen, da kamen vier wohlgewappnete Ritter und griffen Sir Gawain scharf an und sagten zu ihm: Du neugebackener Ritter, du hast dein Rittertum geschändet, denn ein Ritter ohne Gnade ist entehrt. Auch hast du eine schöne Dame erschlagen zu deiner Schmach bis zum Ende der Welt, und glaub nur, du wirst Gnade sehr nötig haben, ehe du von uns scheidest. Und damit versetzte einer von ihnen Sir Gawain einen starken Streich, daß er beinahe zu Boden fiel, und Gaheris traf ihn hinwiederum scharf, und so waren sie auf der einen und auf der andern Seite, daß Sir Gawain und Gaheris in Gefahr ihres Lebens waren; und einer mit einem Bogen, ein

Pfeilschütze, traf Sir Gawain durch den Arm, daß es ihn gar heftig schmerzte. Und als sie erschlagen werden sollten, da kamen vier schöne Damen und baten die Ritter um Gnade für Sir Gawain; und auf Bitten der Damen schenkten sie Sir Gawain und Gaheris gütig ihr Leben und hießen sie sich als Gefangene ergeben. Dann hoben Gawain und Gaheris großes Jammern an. Ach! sagte Sir Gawain, mein Arm schmerzt mich sehr, ich fürchte, daß ich zum Krüppel werde; und so klagte er zum Erbarmen. Früh am Morgen kam eine der vier Damen zu Sir Gawain, die seine ganze Klage gehört hatte, und fragte: Herr Ritter, wie geht es Euch? Nicht gut, sagte er. Es ist Eure eigene Schuld, sagte die Dame, denn Ihr habt eine sehr schändliche Tat getan, als Ihr die Dame erschluget, und das wird eine große Schande für Euch sein. Aber gehört Ihr nicht zur Sippe König Artus'? fragte die Dame. Wahrlich, ja, sagte Sir Gawain. Wie ist Euer Name? fragte die Dame, Ihr müßt ihn mir sagen, ehe Ihr geht. Mein Name ist Gawain, Sohn des Königs Lot von Orkney, und meine Mutter ist König Artus' Schwester. Ah! dann seid Ihr der Neffe des Königs Artus, sagte die Dame, und ich will so für Euch sprechen, daß Ihr freies Geleit haben sollt, zu König Artus zu gehen, ihm zuliebe. Und so schied sie und sagte den vier Rittern, wie ihr Gefangener König Artus' Neffe sei, und sein Name sei Sir Gawain, des Königs Lot Sohn von Orkney. Und sie gaben ihm den Kopf des Hirsches, weil er ihn erlegt hatte. Dann befreiten sie sofort Sir Gawain unter dem Versprechen, daß er die tote Dame auf die Art mit sich nehmen sollte: ihr Kopf wurde über seinen Nacken gehängt und ihr ganzer Körper lag vor ihm auf der Mähne seines Pferdes. Und so ritt er fürbaß nach Camelot. Und sofort nach seiner Ankunft begehrte Merlin von König Artus, Sir Gawain sollte unter einem Eid verpflichtet werden, alle seine Abenteuer zu berichten, und wie er die Dame erschlug, und wie er dem Ritter keine

Gnade geben wollte, wodurch die Dame erschlagen wurde. Da waren der König und die Königin sehr unzufrieden mit Sir Gawain, weil er die Dame erschlagen hatte. Und auf Anordnung der Königin wurde ein Gericht von Damen über Sir Gawain gehalten, und sie verurteilten ihn, er sollte immer, solange er lebte, für alle Damen eintreten und für sie Kämpfe ausfechten; und immer sollte er ritterlich sein und nie dem Gnade versagen, der um Gnade bat. So wurde Gawain auf die vier Evangelisten vereidigt, daß er nie gegen eine Dame oder Edelfrau sein sollte, es sei denn, daß er für eine Dame kämpfte und sein Gegner für eine andre. Und so endet das Abenteuer Sir Gawains, das er bei der Hochzeit König Artus' bestand. Amen.

WIE MERLIN SICH VERLIEBTE UND SICH IN EINE DER DAMEN VOM SEE VERNARRTE, UND WIE ER IN EINEM FELSEN UNTER EINEN STEIN GESCHLOSSEN WURDE UND DA STARB

Nach diesen Zügen nun von Sir Gawain, Sir Tor und König Pellinore geschah es, daß Merlin sich in das Fräulein, das König Pellinore an den Hof gebracht hatte, verliebte, und sie war eins der Fräulein vom See und hieß Nimue. Aber Merlin ließ sie nicht in Ruhe, sondern wollte immer bei ihr sein. Und sie nahm Merlin immer gut auf, bis sie von ihm allerhand Dinge erfahren hatte, die sie wünschte; und er war so in sie vernarrt, daß er nicht von ihr fern sein konnte. So sagte er einmal König Artus, es werde nicht mehr lange mit ihm gehen, sondern trotz aller seiner Künste werde er schnell in die Erde gesteckt werden, und so sagte er dem König viele Dinge, die vorfallen würden, aber immer warnte er den König, er solle sein Schwert und die Scheide gut verwahren, denn er sagte ihm, wie das Schwert und die

Scheide ihm von einem Weib gestohlen würden, dem er am meisten traute. Und so sagte er auch König Artus, er würde ihn vermissen, – es wäre Euch lieber als Eure Länder, mich wiederzuhaben. Ach, sagte der König, da Ihr wißt, was Euch zustoßen soll, sorget doch vor und entfernt dieses Mißgeschick durch Eure Künste. Nein, sagte Merlin, das kann nicht sein; so schied er vom König. Und nach einer Weile reiste das Fräulein vom See ab, und Merlin ging mit ihr, wo immer sie hinging. Und oft wollte Merlin sie mit seinen sonderlichen Künsten hinwegwünschen. Da ließ sie ihn schwören, daß er nie einen Zauber auf sie legen wollte, wenn er wollte, daß sie ihm zu Willen wäre. Und so schwor er; so fuhren sie und Merlin über die See in das Land Benwick, wo König Ban König war, der großen Krieg gegen König Claudas führte, und dort sprach Merlin mit König Bans Weib, einer schönen und guten Dame, und ihr Name war Elaine, und dort sah er den jungen Launcelot. Da jammerte die Königin sehr wegen des schrecklichen Krieges, den König Claudas gegen ihren Herrn und ihre Brüder führte. Seid nicht traurig, sagte Merlin, denn eben dieses Kind soll binnen zwanzig Jahren Euch an König Claudas rächen, daß die ganze Christenheit davon sprechen wird, und eben dieses Kind wird der größte Held in der Welt sein, und sein erster Name ist Galahad, das weiß ich wohl, sagte Merlin, und seitdem habt Ihr ihn Launcelot getauft. Das ist wahr, sagte die Königin, sein erster Name war Galahad. O Merlin, sagte die Königin, soll ich es erleben und sehen, wie mein Sohn ein Mann von solcher Tapferkeit wird? Ja, Dame, auf mein Wort, Ihr sollt es sehen und noch viele Winter darauf leben. Und so reisten bald darauf die Dame und Merlin ab, und unterwegs zeigte Merlin ihr viele Wunder, und kamen nach Cornwall. Und immer lag Merlin der Dame in den Ohren, um ihr Magdtum zu haben, und sie war seiner immer sehr überdrüssig und wäre ihn gern losgewesen, denn sie fürchtete sich vor ihm, weil er ein Teufelssohn war, und sie konnte ihn auf keine Weise loswerden. Und so geschah es einmal, daß Merlin ihr einen Felsen zeigte, wo ein großes Wunder war und auf dem ein Zauber lag für den, der unter einen großen Stein ging. So brachte sie durch ihre besondere Kunst Merlin dahin, unter den Stein zu gehen, um sie die Wunder, die dort waren, wissen zu lassen, aber sie wirkte dort für ihn, daß er trotz aller Kunst, die er anwenden konnte, nie mehr herauskam. Und so ging sie fort und verließ Merlin.

WIE KÖNIG ARTUS, KÖNIG URIENS UND SIR ACCOLON VON GALLIEN EINEN HIRSCH JAGTEN, UND VON IHREN WUNDERBAREN ABENTEUERN

Da kam es, daß Artus und viele seiner Ritter zur Jagd in einen großen Wald ritten, und es geschah, daß König Artus, König Uriens und Sir Accolon von Gallien einem großen Hirsch folgten, aber sie drei waren gut zu Pferd, und so jagten sie so schnell, daß sie drei nach einer Weile zehn Meilen von ihrem Gefolge entfernt waren. Und schließlich jagten sie so wild, daß ihre Pferde unter ihnen zusammenbrachen. Da waren sie alle drei zu Fuß und immer sahen sie den Hirsch vor sich sehr ermattet und im Gebüsch versteckt. Was sollen wir tun? fragte König Artus, wir sind schlimm daran. Wir wollen zu Fuß gehn, sagte König Uriens, bis wir zu einem Haus kommen. Dann sahen sie den Hirsch, der am Ufer eines großen Wassers lag, und eine Dogge, die ihn in die Kehle biß, und viele andre Hunde hinterher. Da blies König Artus Halali und stach den Hirsch ab. Dann schaute sich der König um und sah vor sich auf einem großen Wasser ein kleines Schiff, das bis zum Wasser herunter ganz mit Seide bekleidet war, und das Schiff kam gerade auf sie zu und landete am Ufer. Da ging Artus zum Strand und blickte hinein und sah kein irdisches Geschöpf darin. Ihr Herren, sagte der König, kommt hierher und laßt uns sehen, was in diesem Schiff ist. So gingen sie alle drei hinein und fanden es reich mit seidenen Stoffen behängt. Mit einem Mal wurde es dunkle Nacht, und plötzlich waren an hundert Fackeln um sie auf allen Seiten der Schiffsruder und es wurde sehr hell; und dann mit einem Mal kamen zwölf schöne Fräulein heraus und huldigten König Artus auf den Knien und nannten ihn mit seinem Namen und hießen ihn willkommen und empfingen ihn aufs freundlichste. Der König dankte ihnen schön. Dann führten sie den König und seine zwei Gefährten in ein schönes Gemach, und da war ein gedeckter Tisch, reich besetzt mit allem, was zu einer Tafel gehört, und da wurden sie mit allen Weinen und Gerichten, die sie sich wünschen konnten, bedient; darüber staunte der König sehr, denn er hatte nie in seinem Leben auf einmal so viele gute Sachen aufgetischt bekommen. Und nachdem sie so nach Behagen geschmaust hatten, wurde König Artus in ein Gemach geführt, so reich geschmückt, wie er nie eins gesehen hatte, und ebenso wurde König Uriens bedient und in ein anderes Gemach dieser Art geführt, und Sir Accolon wurde in das dritte Gemach geführt, das sehr reich und wohlausgestattet war; und so wurden sie bequem zu Bett gelegt. Und sofort schliefen sie ein und schliefen die ganze Nacht wunderbar tief. Und am Morgen war König Uriens zu Bett in Camelot in den Armen seines Weibes Morgan le Fay. Und als er erwachte, staunte er sehr, wie er dahin kam, denn am Abend zuvor war er zwei Tagereisen von Camelot weg. Und als König Artus erwachte, fand er sich in einem dunklen Kerker und hörte um sich viel Jammern von wehklagenden Rittern.

WIE ARTUS ES ÜBERNAHM ZU KÄMPFEN, UM AUS DEM KERKER BEFREIT ZU WERDEN, UND DESGLEICH UM ZWANZIG RITTER ZU BEFREIEN, DIE IM KERKER WAREN

Was ist mit euch, daß ihr so klagt? fragte König Artus. Wir sind hier zwanzig Ritter gefangen, sagten sie, und einige unter uns sind hier sieben Jahre gelegen, und einige längere und einige kürzere Zeit. Aus welchem Grund? fragte Artus. Wir werden Euch berichten, sagten die Ritter; der Herr dieser Burg heißt Sir Damas, und er ist der falscheste Ritter, der lebt, und voll Verräterei und ein rechter Schurke, wenn irgendeiner lebt, und er hat einen jüngeren Bruder, einen guten, trefflichen Ritter, der Ontzlake heißt, und dieser Verräter Damas, der ältere Bruder, will ihm keinen Anteil von seinem Einkommen geben, aber da Sir Ontzlake ein so tapferer Held ist, behauptet er sich im Besitz eines schönen und reichen Schlosses, und darin wohnt Sir Ontzlake in Würden und ist bei allem Volk sehr beliebt. Und dieser Sir Damas, unser Herr, ist übel angeschrieben, denn er ist ohne Gnade und ist ein Feigling, und zwischen ihnen beiden ist großer Krieg gewesen, aber Ontzlake hat immer den Sieg davongetragen, und immer fordert er Sir Damas heraus, Mann gegen Mann um die Einkünfte zu kämpfen, aber er will es nicht; oder aber einen Ritter zu finden, der für ihn kämpft. Daraufhin hat Sir Damas zugestanden, einen Ritter zu finden, aber er ist so übel angeschrieben und verhaßt, daß sich nie ein Ritter findet, der für ihn kämpfen will. Und als Damas dies sah, daß sich nie ein Ritter fand, der für ihn kämpfen wollte, hat er täglich mit vielen Rittern im Hinterhalt gelegen und hat alle Ritter in diesem Land genommen, um ihre Abenteuer zu sehen und zu erspähen und hat sie mit Gewalt gefangengenommen und in seinen

Kerker geworfen. Und so fing er uns einzeln, als wir auf unsere Abenteuer ausritten, und viele gute Ritter sind in diesem Kerker Hungers gestorben, bis zur Zahl von 18 Rittern; und wenn einer von uns allen, die hier sind oder gewesen sind, mit seinem Bruder Ontzlake hätte kämpfen wollen, dann hätte er uns befreit, aber weil dieser Damas so falsch und voller Tücke ist, wollten wir nie für ihn kämpfen, um dafür zu sterben. Und wir sind vor Hunger so ausgemergelt, daß wir kaum auf unsern Füßen stehen können. Gott in seiner Gnade erlöst euch, sagte Artus. Mit einem Mal kam ein Fräulein zu Artus und fragte ihn: Wie geht es? Ich weiß nicht, sagte er. Herr, sagte sie, wenn Ihr für meinen Herrn kämpfen wollt, sollt Ihr aus dem Kerker befreit werden, und sonst rettet Ihr niemals das Leben. Das nun, sagte Artus, ist hart, doch ist es mir lieber, mit einem Ritter zu kämpfen, als im Kerker zu sterben; damit, sagte Artus, kann ich und all diese Gefangenen befreit werden, ich will den Kampf ausfechten. Ja, sagte das Fräulein. Ich bin bereit, sagte Artus, wenn ich Pferd und Rüstung hätte. Daran solls Euch nicht fehlen, sagte das Fräulein. Mich dünkt, Fräulein, ich hätte Euch am Hofe Artus' gesehen. Nein, sagte das Fräulein, ich bin nie hingekommen, ich bin die Tochter des Herrn dieser Burg. Doch war sie falsch, denn sie war eines der Fräulein von Morgan le Fay. Schnell ging sie zu Sir Damas und berichtete ihm, wie er für ihn kämpfen wollte, und so sandte er um Artus. Und als er kam, war er gut bei Farbe und von kräftigem Bau der Glieder, daß alle Ritter, die ihn sahen, sagten, es wäre schade, daß solch ein Ritter im Kerker sterben sollte. So kamen Sir Damas und er überein, daß er für ihn unter der Bedingung kämpfen sollte, daß alle andern Ritter befreit wurden; und darauf leistete Sir Damas Artus einen Schwur, und ebenso, daß der Kampf bis zum Äußersten geführt wurde. Und darauf wurden all die zwanzig Ritter aus dem dunklen Kerker in die Halle geführt und befreit, und so warteten sie alle, um dem Kampf zuzusehn.

WIE ACCOLON SICH IN EINEM BRUNNEN FAND, UND WIE ER ES ÜBERNAHM, GEGEN ARTUS ZU KÄMPFEN

Jetzt wenden wir uns zu Accolon von Gallien, der, als er erwachte, sich einen halben Fuß tief in einem tiefen Brunnen befand und in großer Gefahr des Todes. Und aus diesem Brunnen kam eine Röhre aus Silber hervor, und aus dieser Röhre lief das Wasser in einen Marmorstein. Als Sir Accolon das sah, bekreuzigte er sich und sagte: Jesus, helfe meinem Herrn König Artus und König Uriens, denn die Fräulein in diesem Schiff haben uns verraten, sie waren Teufel und keine Weiber; und wenn ich diesem schlimmen Abenteuer entrinnen kann, will ich überall, wo ich sie finden kann, diese falschen Fräulein, die Zauberkünste treiben, vernichten. In diesem Augenblick kam ein Zwerg mit einem großen Mund und einer platten Nase und grüßte Sir Accolon und sagte, wie er von Königin Morgan le Fay käme, und sie grüßt Euch schön und heißt Euch starken Mutes sein, denn Ihr sollt morgen zur Stunde der Prime mit einem Ritter kämpfen, und daher schickt sie Euch hier Excalibur, Artus' Schwert und die Scheide, und sie heißt Euch, wenn Ihr sie liebt, ohne Gnade bis zum Äußersten kämpfen, wie Ihr es ihr versprochen habt, als ihr insgeheim zusammen sprachet; und jedes Fräulein, das ihr den Kopf des Ritters bringt, mit dem Ihr kämpfen sollt, will sie zu einer Königin machen. Nun, ich verstehe Euch gut, sagte Accolon. Ich soll jetzt, wo ich das Schwert habe, halten, was ich versprochen habe: wann saht Ihr die Frau Königin Morgan le Fay? Jetzt vor kurzem, sagte der Zwerg. Dann nahm Accolon ihn in seine Arme und sagte: Empfiehl mich der

Frau Königin und sag ihr, alles, was ich ihr versprochen habe, soll geschehn, sonst will ich dafür sterben. Ich vermute nun, sagte Accolon, sie hat all diese Künste und Zaubereien um dieses Kampfes willen gemacht. Das dürft Ihr glauben, sagte der Zwerg. Darüber kamen ein Ritter und eine Dame mit sechs Knappen und grüßten Accolon und baten ihn, sich zu erheben und in sein Schloß zu kommen und da auszuruhen. Und so bestieg Accolon ein Pferd, das bereitstand, und ging mit dem Ritter in ein schönes Schloß bei einem Kloster, und da fand er eine sehr gute Aufnahme. Dann schickte Sir Damas zu seinem Bruder Sir Ontzlake und hieß ihn, sich zu morgen zur Stunde der Prime zu rüsten und im Feld zu sein, um mit einem guten Ritter zu kämpfen, denn er hätte einen guten Ritter gefunden, der bereit wäre, den Kampf in allen Stücken zu führen. Als diese Kunde zu Sir Ontzlake kam, wurde er sehr traurig, denn er war kurz zuvor an beiden Schenkeln mit einer Lanze verwundet worden und hatte großen Schmerz; aber so verwundet wie er war, wollte er sofort den Kampf aufnehmen. So geschah es zu der Zeit, durch die Künste von Morgan le Fay, daß Accolon bei Sir Ontzlake im Hause war; und als er von diesem Kampf hörte und wie Ontzlake verwundet sei, sagte er, er wollte für ihn kämpfen, weil Morgan le Fay ihm Excalibur und die Scheide geschickt hatte, um am Morgen mit dem Ritter zu kämpfen. Das war der Grund, warum Sir Accolon den Kampf sofort übernahm. Da war Sir Ontzlake sehr froh und dankte Sir Accolon von ganzem Herzen, daß er so viel für ihn tun wollte. Und sofort schickte Sir Ontzlake seinem Bruder Sir Damas Botschaft, er hätte einen Ritter, der für ihn zur Stunde der Prime gerüstet im Felde sein werde. So war am Morgen Sir Artus gewappnet und wohlberitten und fragte Sir Damas: Wann sollen wir ins Feld reiten? Herr, sagte Sir Damas, Ihr sollt erst Messe hören. Und so hörte Artus eine Messe, und als die Messe vollbracht war, kam da ein Knappe auf einem großen Pferd und fragte Sir Damas, ob sein Ritter gerüstet sei, denn unser Ritter steht gerüstet im Feld. Da stieg Sir Artus aufs Pferd, und es waren da alle Ritter und Gemeinen des Landes; und so wurden mit aller Zustimmung zwölf gute Männer des Landes gewählt, um den zwei Rittern zu Diensten zu sein. Und gerade als Artus zu Pferde war, kam ein Fräulein von Morgan le Fay und brachte Sir Artus ein Schwert wie Excalibur und die Scheide und sagte zu Artus: Morgan le Fay schickt hier aus großer Liebe Euer Schwert. Und er dankte ihr und wähnte, es wäre so, aber sie war falsch, denn das Schwert und die Scheide waren nachgemacht und zerbrechlich und falsch.

VON DEM KAMPF ZWISCHEN KÖNIG ARTUS UND ACCOLON

Und dann hoben sie sich gegeneinander auf beiden Seiten des Feldes und ließen ihre Pferde so schnell rennen, daß jeder den andern mit seiner Lanzenspitze mitten auf den Schild traf, daß Roß und Reiter zu Boden fielen; und dann sprangen sie beide auf und zogen ihr Schwert. Mittlerweile, während sie so im Kampfe waren, kam das Fräulein vom See, das Merlin unter den Stein gesperrt hatte, in das Feld; und sie kam dahin, König Artus zuliebe, denn sie wußte, wie Morgan le Fay es so eingerichtet hatte, daß König Artus an diesem Tag erschlagen werden sollte, und darum kam sie, um sein Leben zu retten. Und so gingen sie eifrig zum Kampf und führten viele gute Streiche, aber immer hieb Artus' Schwert nicht so gut wie Accolons Schwert; und meistens verwundete jeder Streich, den Accolon führte, Artus schwer, daß es wunderbar war, wie er stand, und immer floß sein Blut heftig von ihm. Als Artus den Boden so voller Blut sah, wurde er bestürzt, und da ahnte er Verrat, daß sein Schwert vertauscht war: denn sein Schwert zerschnitt nicht den Stahl, wie es sonst tat, darum fürchtete er sehr zu sterben, denn immer schien es, daß das Schwert in Accolons Hand Excalibur war, denn bei jedem Streiche, den Accolon führte, hieb er Blut aus Artus. Jetzt, Ritter, sagte Accolon zu Artus, hüte dich vor mir; aber Artus antwortete nicht und gab ihm einen solchen Schlag auf den Helm, daß er betäubt wurde und beinahe zu Boden gefallen wäre. Dann verzog sich Sir Accolon ein wenig und kam heran und schwang Excalibur und versetzte Sir Artus einen solchen Schlag, daß er beinahe zu Boden fiel. Dann wurden sie beide zornig und versetzten einander viele scharfe Streiche, aber immer verlor Sir Artus so viel Blut, daß es ein Wunder war, wie er auf den Füßen stand, aber er war so voll Rittertum, daß er ritterlich den Schmerz ertrug. Und Sir Accolon verlor gar kein Blut, daher machte er sehr leicht Fortschritte, und Sir Artus war sehr schwach und meinte wahrlich, er müsse sterben; aber trotz alledem hielt er sich, als ob er es aushalten könnte und machte Accolon so viel zu schaffen, als er konnte. Aber Accolon war wegen Excalibur so verwegen, daß er immer weiter vordrang. Aber alle Männer, die ihn sahen, sagten, daß sie nie einen Ritter so gut kämpfen sahen, wie es Artus tat in Anbetracht des Blutes, das er verlor. So war alles Volk traurig um seinetwillen, aber die zwei Brüder wollten sich nicht vertragen; so kämpften sie denn immer miteinander als tapfere Ritter, und Sir Artus zog sich ein wenig zurück, um sich auszuruhen, und Sir Accolon rief ihn zum Kampf und sagte: Ich habe keine Zeit, zu dulden, daß du ruhst. Und damit kam er scharf gegen Artus an, und Sir Artus war zornig wegen des Blutes, das er verloren hatte, und hieb Accolon hoch auf den Helm, so mächtig, daß er ihn beinahe zu Boden warf; und dabei zerbrach Artus' Schwert am Griff und fiel in das Gras unter das Blut, und er hielt den Knauf und das bloße Heft in seinen Händen. Als Sir Artus das sah, war er in großer Todesangst, aber immer hielt er seinen Schild hoch und wich nicht zurück noch bat er um Gnade.

WIE KÖNIG ARTUS' SCHWERT, MIT DEM ER FOCHT, BRACH, UND WIE ER ACCOLON SEIN EIGENES SCHWERT EXCALIBUR ENTWAND UND SEINEN FEIND BESIEGTE

Dann begann Sir Accolon mit Worten ihm zuzureden und sagte: Ritter, du bist besiegt und kannst nicht standhalten, auch bist du waffenlos und hast so viel Blut verloren und es täte mir leid, dich zu erschlagen, darum ergib dich mir als überwunden. Nein, sagte Sir Artus, das will ich nicht, denn ich habe bei meinem Leben versprochen, so lange ich lebe, den Kampf bis zum Äußersten zu führen, und darum will ich lieber in Ehren sterben, als in Schande leben, und wenn es mir möglich wäre, hundert Male zu sterben, wollte ich lieber so oft sterben, als mich dir ergeben; denn obwohl mir die Waffe fehlt, soll mir doch die Ehre nicht fehlen, und wenn du mich Waffenlosen erschlägst, wird es deine Schmach sein. Wohlan, sagte Accolon, was die Schmach angeht, so will ich nicht schonen, nun hüte dich vor mir, denn du bist nur ein toter Mann. Und damit versetzte Accolon ihm einen solchen Streich, daß er fast zu Boden fiel, und wollte haben, daß Artus um Gnade rief. Aber Sir Artus drang auf Accolon mit seinem Schild ein und versetzte ihm mit dem Knauf in seiner Hand einen solchen Schlag, daß er drei Schritte zurückwich. Als das Fräulein vom See Artus erblickte, wie heldenhaft seine Kraft war, und den falschen Verrat sah, der für ihn gesponnen war, damit er erschlagen wurde, hatte sie großes Mitleid, daß ein so guter Ritter und ein so rühmlicher Mann so vernichtet werden sollte, und beim nächsten Streich versetzte ihm Sir Accolon einen solchen Streich, daß durch den Zauber des Fräuleins das Schwert Excalibur Accolon aus der Hand und zu Boden fiel. Und schnell lief Sir Artus hin und bekam es in seine Hand, und sofort wußte er, daß es sein Schwert Excalibur war und sagte: Du bist schon zu lange von mir fort gewesen, und viel Schaden hast du mir getan; und da erblickte er die Scheide, die ihm an der Seite hing, und stürzte plötzlich auf ihn und riß ihm die Scheide weg und warf sie so weit von sich, als er werfen konnte. O Ritter, sagte Artus, heute hast du mir mit diesem Schwert großen Schaden getan; jetzt seid Ihr bei Eurem Tod angekommen, denn ich werde Euch keine Gnade geben, sondern Ihr sollt ebenso mit diesem Schwert belohnt werden, ehe wir auseinandergehen, wie du mich belohnt hast, denn Ihr habt mir viel Schmerzen zu ertragen gegeben, und ich habe viel Blut verloren. Und damit stürzte Sir Artus mit seiner ganzen Gewalt auf ihn und warf ihn zu Boden, und dann riß er ihm den Helm ab und versetzte ihm einen solchen Schlag über den Kopf, daß das Blut ihm aus Ohren, Nase und Mund gestürzt kam. Jetzt will ich dich erschlagen, sagte Artus. Erschlagt mich, Ihr dürft es wohl, sagte Accolon, wenn es Euch beliebt, denn Ihr seid der beste Ritter, den ich je fand, und ich sehe wohl, daß Gott mit Euch ist. Aber ich habe versprochen, sagte Accolon, diesen Kampf bis zum letzten zu führen und mich nicht zu ergeben, solange ich lebe, daher werde ich mich nie mit meinem Mund ergeben, sondern Gott tue mit meinem Leib, was er will. Da kam er Sir Artus bekannt vor und ihm war, er müßte diesen Ritter gesehen haben. Nun sag mir, sagte Artus, ehe ich dich erschlage, von welchem Land und von welchem Hof bist du? Herr Ritter, sagte Sir Accolon, ich bin vom Hofe König Artus', und mein Name ist Accolon von Gallia. Da war Artus noch mehr bestürzt als zuvor; denn da erinnerte er sich an seine Schwester Morgan le Fay und an die Verzauberung des Schiffes. O Herr Ritter, sagte er, ich bitte Euch, berichtet mir, wer Euch dies Schwert gab und von wem Ihr es habt.

WIE ACCOLON DEN VERRAT VON MORGAN LE FAY, KÖNIG ARTUS' SCHWESTER, GESTAND, UND WIE SIE IHN ERSCHLAGEN HABEN WOLLTE

Da bedachte sich Sir Accolon und sagte: Wehe über dieses Schwert, denn es hat mir den Tod gebracht. Das mag wohl sein, sagte der König. Nun Herr, sagte Accolon, will ich Euch berichten; dieses Schwert ist in diesen zwölf Monaten meistens in meiner Hut gewesen; und Morgan le Fay, das Weib des Königs Uriens, schickte es mir gestern durch einen Zwerg in der Absicht, daß ich König Artus, ihren Bruder, erschlagen sollte. Denn Ihr müßt wissen, König Artus ist der Mann, den sie in der Welt am meisten haßt, weil er in ihrem ganzen Geschlecht der größte und tapferste Held ist; auch ist sie meine Geliebte und liebt mich über die Maßen, und ich sie wieder; und wenn sie es zuwege bringen könnte, Artus mit ihren Zauberkünsten zu erschlagen, würde sie ohne Zögern ihren Gemahl König Uriens erschlagen, und dann hätte sie mir geraten, König in diesem Land zu werden und darin zu herrschen, und sie wollte meine Königin sein; aber das ist jetzt vorbei, sagte Accolon, denn ich bin meines Todes sicher. Wohlan, sagte Sir Artus, ich merke an Eurer Rede, Ihr wolltet König in diesem Lande werden. Es wäre sehr schade gewesen, wenn Ihr Euren Herrn umgebracht hättet, sagte Artus. Das ist wahr, sagte Accolon, aber jetzt habe ich Euch wahr berichtet, daher bitte ich Euch, sagt mir, von wo Ihr seid und von welchem Hofe? O Accolon, sagte König Artus, jetzt tue ich dir kund, daß ich König Artus bin, dem du großen Schaden getan hast. Als Accolon das hörte, schrie er laut: Edler, süßer Herr, habt Gnade mit mir, denn ich habe Euch nicht gekannt. O Sir Accolon, sagte König Artus, Gnade sollst du haben, weil ich an deinen Worten merke, daß du meine Person jetzt nicht gekannt hast; aber ich verstehe wohl aus deinen Worten, daß du den Tod meiner Person beschlossen hast, und darum bist du ein Verräter; aber ich tadle dich um so weniger, weil meine Schwester Morgan le Fay dich mit ihren falschen Künsten vermocht hat einzuwilligen und ihren verräterischen Lüsten nachzugeben, aber ich werde sehr an ihr gerächt werden, wenn ich lebe, daß die ganze Christenheit davon sprechen wird; Gott weiß, ich habe sie mehr geehrt und in Würden gehalten als meine ganze Sippe, und habe ihr mehr vertraut als meinem eignen Weib und all meinen Verwandten. Dann rief Sir Artus die Kampfwärtel und sagte: Ihr Herrn, kommt hierher, denn hier sind wir zwei Ritter, die zu großem Schaden für uns beide gekämpft haben, und leicht hätte jeder von uns den andern erschlagen, wenn es das Geschick gewollt hätte; und hätte einer von uns den andern gekannt, wäre hier kein Kampf gewesen noch ein Streich geschlagen worden. Dann schrie Accolon sehr laut allen Rittern und Mannen, die da versammelt wasren, zu und sprach zu ihnen folgendermaßen: O ihr Herrn, dieser edle Ritter, gegen den ich gekämpft habe, was mich sehr reut, ist der tapferste, männlichste und tugendhafteste Mann in der Welt, denn er ist es selbst, König Artus, unser vielgetreuer Herr, und aus Unglück und Mißgeschick habe ich diesen Kampf mit dem König und Herrn geführt, dem ich in Treue verpflichtet bin.

WIE ARTUS DIE ZWEI BRÜDER VERSÖHNTE UND DIE ZWANZIG RITTER BEFREITE, UND WIE SIR ACCOLON STARB

Da fielen alle auf die Knie und flehten König Artus um Gnade an. Gnade sollt ihr haben, sagte Artus: hier mögt ihr sehen, was für Abenteuer manchmal fahrenden Rittern zustoßen, wie hier, wo ich mit einem meiner eigenen Ritter zu meinem großen Schaden und auch zu seinem gekämpft habe. Aber, Herren, weil ich sehr verwundet bin, und er auch, und ich ein wenig Rast sehr nötig hätte, sollt ihr die Sache zwischen euch zwei Brüdern in Ordnung bringen: Was dich angeht, Sir Damas, für den ich der Vorkämpfer gewesen bin und diesen Ritter besiegt habe, will ich doch urteilen, weil Ihr, Sir Damas, im Ruf eines hochmütigen und tückischen Ritters steht und Eure Taten keinen Ruhm verdienen, darum will ich, daß Ihr Eurem Bruder die ganze Besitzung, mit allem was dazu gehört, in der Form übergebt, daß Sir Ontzlake die Besitzung von Euch übertragen erhält und Euch jährlich einen Zelter zu reiten gibt, denn darauf zu reiten wird Euch besser anstehen als auf einem Schlachtroß. Ferner lege ich dir, Sir Damas, bei Strafe des Todes auf, daß du nie fahrende Ritter, die auf ihren Abenteuern unterwegs sind, schädigen sollst. Und ferner, daß du diesen zwanzig Rittern, die du lange als Gefangene gehalten hast, ihre sämtliche Rüstung wiedergibst, daß sie befriedigt seien; und wenn je einer von ihnen zu meinem Hof kommt und über dich Klage führt, sollst du bei meinem Kopf dafür sterben. Ferner, Sir Ontzlake, was Euch angeht, weil Ihr im Rufe eines guten und tugendhaften Ritters steht und in all Euren Taten treu und adlig seid, dies soll Euer Amt sein. Ich will Euch auferlegen, daß Ihr, so schnell es sich fügen läßt, zu mir und meinem Hof kommt, und Ihr sollt einer meiner Ritter sein, und wenn Eure Taten darnach sind, will ich Euch mit der Gnade Gottes solche Gunst erweisen, daß Ihr in kurzer Zeit in der Lage seid, ebenso stattlich zu leben wie Euer Bruder Sir Damas. Gott danke Eurer Großherzigkeit und Güte, ich will von jetzt an allzeit zu Eurem Befehl stehen; denn, Herr, sagte Sir Ontzlake, wenn nicht Gott gewollt hätte, daß ich erst kürzlich von einem abenteuernden Ritter an meinen beiden Schenkeln verwundet worden bin, so daß ich große Schmerzen litt, hätte ich heute diesen Kampf mit Euch geführt. Gott wollte, sagte Artus, daß es so kam, denn sonst wäre ich nicht so verletzt worden, wie ich bin. Ich werde Euch sagen wieso: Denn ich wäre nicht so verletzt worden wie ich bin, wenn es nicht mein eigenes Schwert gewesen wäre, das mir durch Verrat gestohlen wurde; und dieser Kampf war von vornherein eingerichtet, damit ich erschlagen werde, und so ist er zu dem Zweck durch falschen Verrat und falschen Zauber herbeigeführt worden. Wehe, sagte Sir Ontzlake, das ist ein großer Jammer, daß gegen einen so edlen Mann mit solchen Taten und Tugenden je Mann oder Weib das Herz finden können, Verrat gegen Euch zu üben. Ich will sie belohnen, sagte Artus, binnen kurzem, wenn Gott will. Nun sagt mir, sagte Artus, wie weit bin ich von Camelot? Herr, Ihr seid zwei Tagereisen von da entfernt. Ich wäre gern an einem sicheren Platz, sagte Sir Artus, um mich da auszuruhen. Herr, sagte Sir Ontzlake, hier in der Nähe, nur drei Meilen von hier, ist ein reiches Nonnenkloster, das von Euren Vorfahren gegründet wurde. So nahm der König von allen Männern seinen Abschied und stieg zu Pferd, und Sir Accolon mit ihm. Und als sie zu dem Kloster gekommen waren, ließ er Ärzte holen und seine und Accolons Wunden untersuchen; aber Sir Accolon starb nach vier Tagen, denn er hatte so viel Blut verloren, daß er nicht leben konnte, aber König Artus erholte sich. Als nun Accolon tot war, ließ er ihn auf einer Bahre mit sechs Rittern nach Camelot fahren und sagte: Bringt ihn zu meiner Schwester Morgan le Fay und sprecht, ich schicke ihn ihr als Geschenk, und sagt, ich habe mein Schwert Excalibur und die Scheide; so brachen sie mit dem Leichnam auf.

WIE SIR LAUNCELOT UND SIR LIONEL VOM HOF AUSRITTEN, UND WIE SIR LIONEL IHN SCHLAFEN LIESS UND GEFANGEN WURDE

Bald nachdem König Artus von Rom nach England gekommen war, versammelten sich alle Ritter der Tafelrunde beim König und veranstalteten viele Ritterspiele und Turniere, und einige waren da, die bloß Junker waren und die so an Waffentüchtigkeit und Trefflichkeit zunahmen, daß sie all ihre Genossen an Kühnheit und edlen Taten übertrafen, und das war an manchem wohlbewährt; aber besonders bewährte es sich an Sir Launcelot vom See, denn in allen Turnieren und Ritterspielen und Waffentaten, im Spiel und wenns auf Leben und Tod ging, übertraf er alle andern Ritter, und zu keiner Zeit wurde er besiegt, wenn es nicht durch Verrat oder Zauber war; so wuchs Sir Launcelot so wunderbar an Ehre und Ruhm, daß er der erste Ritter ist, dessen das französische Buch Erwähnung tut, nachdem König Artus von Rom gekommen ist. Daher stand er bei Königin Guinever in großer Gunst vor allen andern Rittern, und gewiß liebte er die Königin hinwiederum vor allen andern Damen und Fräulein seines Lebens, und für sie tat er viele Waffentaten und rettete sie vor dem Feuer durch seine edle Ritterlichkeit. So rastete Sir Launcelot lange und tummelte sich im Spiel. Und dann gedachte er, sich in seltsamen Abenteuern zu prüfen; da hieß er seinen Neffen, Sir Lionel, sich fertigmachen, denn wir zwei wollen Abenteuer aufsuchen. So stiegen sie zu Pferd, in allen Stücken gewappnet, und ritten in einen tiefen Wald und dann in eine weite Ebene. Und da wurde es gegen Mittag heiß, und Sir Launcelot hatte große Lust zu schlafen. Da gewahrte Sir Lionel einen großen Apfelbaum, der bei einer Hecke stand, und sagte: Bruder, dort ist ein schöner Schatten, dort können wir mit unsern Pferden rasten. Gut gesagt, lieber Bruder, sagte Sir Launcelot, denn in sieben Jahren war ich nicht so schläfrig wie jetzt; und so stiegen sie da ab und banden ihre Pferde jedes an einen Baum, und so legte sich Sir Launcelot unter einen Apfelbaum nieder und legte seinen Helm unter seinen Kopf. Und Sir Lionel wachte, während er schlief. So lag Sir Launcelot in festem Schlaf. Und mittlerweile kamen drei Ritter angeritten, die so schnell flohen, wie sie irgend konnten. Und es folgte diesen dreien nur ein Ritter. Und als Sir Lionel ihn sah, deuchte ihn, er hätte nie einen so großen Ritter gesehen noch einen so wohlgebauten und in allen Stücken trefflich gewappneten Mann. So hatte nach einer Weile dieser starke Ritter einen dieser Ritter eingeholt, und dann warf er ihn auf die kalte Erde, daß er stille lag. Und dann ritt er gegen den zweiten Ritter und traf ihn so, daß Roß und Reiter hinfielen. Und dann stracks gegen den dritten Ritter und warf ihn eine Speerlänge über seinen Roßarsch weg. Und dann stieg er ab und führte sein Pferd am Zügel und band all die drei Ritter mit den Zügeln ihrer eigenen Pferde fest. Als Sir Lionel ihn das tun sah, gedachte er ihn anzugreifen und machte sich fertig, und still und heimlich nahm er sein Pferd und dachte nicht daran, Sir Launcelot zu wecken. Und als er zu Pferd saß, überholte er diesen starken Ritter und hieß ihn wenden, und der andere traf Sir Lionel so gewaltig, daß er Roß und Reiter zu Boden warf, und so stieg er ab und band ihn fest und legte ihn quer über sein eigenes Pferd, und so diente er ihnen allen vieren und ritt mit ihnen weg in seine eigene Burg. Und als er dort angekommen war, ließ er sie entwaffnen und ließ sie ganz nackt mit Dornen schlagen und warf sie dann in einen tiefen Kerker, wo viele andere Ritter waren, die bitterlich klagten.

WIE VIER KÖNIGINNEN LAUNCELOT SCHLAFEND FANDEN, UND WIE ER DURCH ZAUBER GEFANGEN UND AUF EINE BURG GEFÜHRT WURDE

Jetzt lassen wir diese gefangenen Ritter und sprechen von Sir Launcelot vom See, der unter dem Apfelbaum im Schlafe liegt. Gerade um die Mittagsstunde kamen vier Königinnen von hohem Range bei ihm vorbei; und damit die Hitze sie nicht belästigen sollte, ritten vier Ritter mit ihnen und hielten ein Tuch aus grüner Seide auf vier Speeren über sie, zwischen sie und die Sonne, und die Königinnen ritten auf vier weißen Maultieren. Als sie so dahinritten, hörten sie in ihrer Nähe ein großes Pferd sehr laut wiehern, da gewahrten sie einen schlafenden Ritter, der ganz gewappnet unter einem Apfelbaum lag, und sofort, als diese Königinnen ihm ins Gesicht sahen, erkannten sie, daß es Sir Launcelot war. Da fingen sie an, um diesen Ritter zu streiten, jede von ihnen sagte, sie wollten ihn zu ihrem Liebsten haben. Wir sollen nicht streiten, sagte Morgan le Fay, das war König Artus' Schwester, ich werde einen Zauber auf ihn legen, daß er binnen sechs Stunden nicht aufwachen wird, und dann will ich ihn in mein Schloß entführen, und wenn er sicher in meinem Gewahrsam ist, werde ich den Zauber von ihm nehmen, und dann laßt ihn wählen, welche von uns er zur Geliebten haben will. So wurde dieser Zauber auf Sir Launcelot geworfen, und dann legten sie ihn auf seinen Schild und führten ihn so zu Pferd zwischen zwei Rittern dahin und brachten ihn in das Schloß Chariot, und da legten sie ihn in eine kalte Kammer, und zur Nacht schickten sie ein schönes Fräulein zu ihm mit seiner Abendmahlzeit. Damit war der Zauber vergangen, und als sie kam, grüßte sie ihn und fragte ihn, wie es ihm ging. Ich kanns nicht sagen, schönes Fräulein, sagte Sir Launcelot, denn ich weiß nicht, wie ich in diese Burg gekommen bin, es sei denn durch Zauberei. Herr, sagte sie, Ihr müßt guter Dinge sein, und wenn Ihr solch ein Ritter seid, wie man sagt, will ich Euch morgen früh mehr berichten. Schön Dank, schönes Fräulein, sagte Sir Launcelot, ich verlasse mich auf Euern guten Willen. Und so ging sie. Und da lag er die ganze Nacht, ohne daß ihn jemand tröstete. Und am frühen Morgen kamen diese vier Königinnen sehr schön gekleidet und boten ihm guten Morgen und er ihnen auch. Herr Ritter, sagten die vier Königinnen, du mußt wissen, daß du unser Gefangener bist, und wir hier kennen dich wohl, daß du Sir Launcelot vom See, König Bans Sohn, bist, und da wir deinen Wert kennen, daß du der edelste Ritter bist, der lebt, und da wir wohl wissen, es kann keine Dame deine Liebe haben als eine, und das ist Königin Guinever, und nun sollst du sie und sie dich für immer verlieren, darum geziemt es dir jetzt, eine von uns vieren zu wählen. Ich bin die Königin Morgan le Fay, Königin des Landes Gore, und hier ist die Königin von Nord-Galis, und die Königin von Ostland, und die Königin von den Äußeren Inseln; jetzt wähle eine von uns, welche du zu deiner Liebsten haben willst, denn wenn du nicht wählst, mußt du in diesem Kerker sterben. Das ist ein harter Fall, sagte Sir Launcelot, daß ich entweder sterben oder eine von euch wählen muß, doch wäre es mir lieber, in diesem Gefängnis in Ehren zu sterben, als eine von euch gegen meinen Willen zur Liebsten zu haben. Und daher sei euch zur Antwort, ich will keine von euch, denn ihr seid falsche Zauberinnen, und was meine Herrin, Dame Guinever, angeht, so wollte ich, wenn ich in Freiheit wäre, wie ich war, gegen euch oder eure Ritter beweisen, daß sie, solange sie lebt, ihrem Herrn die treueste Frau ist. Also, sagten die Königinnen, ist das Eure Antwort, daß Ihr uns verschmähet? Ja, bei meinem Leben, sagte Sir Launcelot, verschmäht seid ihr von mir. So gingen sie und ließen ihn dort allein und waren sehr betrübt.

WIE SIR LAUNCELOT MIT EINES FRÄULEINS HILFE BEFREIT WURDE

Zu Mittag kam nun das Fräulein zu ihm und brachte ihm sein Essen und fragte ihn, wie es ginge. Wahrlich, schönes Fräulein, sagte Sir Launcelot, meiner Lebtag nicht so schlecht. Herr, sagte sie, das tut mir leid, aber wenn Ihr meinem Rat folgen wollt, werde ich Euch aus dieser Not befreien, und Ihr habt keine Tücke noch Verrat zu befürchten, so Ihr mir ein Versprechen halten wollt. Schönes Fräulein, das will ich Euch gewähren, und ich habe große Angst vor diesen Hexenköniginnen, denn sie haben manchen guten Ritter vernichtet. Herr, sagte sie, das ist wahr, und wegen des Ruhms und der Tugend, die sie von Euch hören, möchten sie Eure Liebe haben, und Herr, sie sagen, Euer Name ist Sir Launcelot vom See, die Blume der Ritter, und sie sind sehr zornig über Euch, daß Ihr sie verschmäht habt. Aber, Herr, wenn Ihr mir versprechen wollt, am nächsten Dienstag meinem Vater zu helfen, der ein Turnier zwischen sich und dem König von Nord-Galis veranstaltet hat; denn am letzten Dienstag verlor mein Vater im Kampf durch drei Ritter von Artus' Hofe; wenn Ihr am nächsten Dienstag dort sein und meinem Vater helfen wollt, will ich Euch morgen früh vor der Prime mit Gottes Hilfe völlig befreien. Schönes Mädchen, sagte Sir Launcelot, sagt mir den Namen Eures Vaters, und dann will ich Euch eine Antwort geben.

Herr Ritter, sagte sie, mein Vater ist König Bagdemagus, der beim letzten Turnier schimpflich besiegt wurde. Ich kenne Euren Vater gut, sagte Sir Launcelot, als einen edlen König und guten Ritter, und bei meinem Leib, Ihr sollt meinen Leib bereit sehn, an dem Tag Eurem Vater und Euch Hilfe zu leisten. Herr, sagte sie, schön Dank, und morgen seid beizeiten bereit, und ich werde die sein, die Euch befreit und Euch Eure Rüstung und Euer Pferd, Schild und Speer bringt, und hier in der Nähe, nicht zehn Meilen von hier, ist ein Kloster von weißen Mönchen, dort bitte ich, daß Ihr mich erwartet, und dorthin will ich Euch meinen Vater bringen. All das soll geschehen, sagte Sir Launcelot, so wahr ich ein Ritter bin. Und so ging sie und kam am nächsten Tag früh und fand ihn bereit, und so brachte sie ihn aus zwölf verschlossenen Türen heraus und verschaffte ihm seine Rüstung, und als er völlig gewappnet war, verschaffte sie ihm sein eigenes Pferd, und nun sattelte er es und nahm eine große Lanze zur Hand und ritt so voran und sagte: Schönes Fräulein, ich werde Euch mit Gottes Hilfe nicht im Stich lassen. Und so ritt er den ganzen Tag in einem großen Wald und konnte nie eine Straße finden, und so überfiel ihn die Nacht, und dann gewahrte er in einem Tal ein Zelt von rotem Zindel. Meiner Treu, sagte Sir Launcelot, in diesem Zelt will ich die Nacht zubringen, und so stieg er da ab und band sein Roß an das Zelt und entwappnete sich da und fand da ein Bett und legte sich hinein und fiel in tiefen Schlaf.

WIE EIN RITTER SIR LAUNCELOT IN SEINER LIEBSTEN BETT LIEGEN FAND, UND WIE SIR LAUNCELOT MIT DEM RITTER KÄMPFTE

Dann kam nach einer Stunde der Ritter dahin, dem das Zelt gehörte, und er wähnte, seine Liebste läge in diesem Bett, und so legte er sich neben Sir Launcelot hin und nahm ihn in seine Arme und fing an, ihn zu küssen. Und als Sir Launcelot einen rauhen Bart fühlte, der ihn küßte, sprang er rasch aus dem Bett, und der andere Ritter ihm nach, und beide nahmen ihre Schwerter zur Hand, und der Ritter des Zeltes ging zur Zelttür hinaus, und Sir Launcelot folgte ihm, und da bei einem kleinen Hohlweg verwundete ihn Sir Launcelot schwer, beinahe tödlich. Und da ergab er sich Sir Launcelot, und der gewährte ihm Gnade, so daß er ihm erzählen konnte, wie er in das Bett kam. Herr, sagte der Ritter, das Zelt gehört mir, und für heute nacht hatte ich meine Dame herbestellt, bei mir zu schlafen, und jetzt muß ich vielleicht an dieser Wunde sterben. Das tut mir leid, sagte Launcelot, daß Ihr verwundet seid, aber ich fürchtete Verrat, denn ich bin vor kurzem erst betrogen worden, und also kommt in Euer Zelt und rastet da, und ich meine, ich kann Euer Blut stillen. Und so gingen sie beide in das Zelt, und schnell stillte Sir Launcelot das Blut. Darüber kam die Dame des Ritters, die eine sehr schöne Dame war, und als sie gewahrte, daß ihr Herr Belleus schwer verwundet war, schrie sie gegen Sir Launcelot und jammerte über die Maßen. Still, meine Dame und Liebste, sagte Belleus, denn dieser Ritter ist ein guter Mann und ein Ritter auf Abenteuern, und da erzählte er ihr die ganze Sache, wie er verwundet worden war; und als ich mich ihm ergeben hatte, nahm er mich in Gnaden auf und hat mein Blut gestillt. Herr, sagte die Dame, bitte, sagt mir, was für ein Ritter Ihr seid und wie Ihr heißt? Schöne Dame, sagte er, ich heiße Sir Launcelot vom See. Das dachte ich immer, solange Ihr spracht, sagte die Dame, denn ich habe Euch früher oft gesehen, und ich kenne Euch besser, als Ihr wißt. Aber jetzt sollt Ihr mir mit Eurer Ritterlichkeit versprechen, wegen der Schäden, die Ihr mir und Herrn Belleus angetan habt, wenn Ihr an Artus' Hof kommt, es dahin zu bringen, daß er zum Ritter der Tafelrunde gemacht wird, denn er ist ein sehr waffentüchtiger Mann und ein mächtiger Grundherr von vielen fernen Inseln. Schöne Dame, sagte Sir Launcelot, laßt ihn zum nächsten hohen Fest zu Hofe kommen und seht zu, daß Ihr mit ihm kommt, und ich werde tun, was in meiner Macht steht, wenn er sich waffentüchtig zeigt, daß Euer Wunsch erfüllt wird. So nach einer Weile, während sie so sprachen, verging die Nacht und der Tag erschien, und da wappnete sich Sir Launcelot und nahm sein Pferd, und sie zeigten ihm den Weg nach dem Kloster, und dorthin ritt er und kam nach zwei Stunden da hin.

WIE SIR LAUNCELOT AUF SEIN ABENTEUER RITT, UND WIE ER EINER SCHMERZREICHEN DAME VON IHREN SCHMERZEN HALF, UND WIE ER MIT EINEM DRACHEN KÄMPFTE

Nun lassen wir Sir Tristram von Liones und sprechen wir von Sir Launcelot vom See und von Sir Galahad, Sir Launcelots Sohn, wie er erzeugt wurde und in welcher Art, wie das französische Buch erzählt. Vor der Zeit, da Sir Galahad gezeugt oder geboren wurde, kam auf Pfingsten ein Einsiedler zu König Artus, als die Ritter an der Tafelrunde saßen. Und als der Einsiedler den Gefährlichen Platz sah, fragte er den König und alle Ritter, warum dieser Sitz leer sei. Sir Artus und alle Ritter antworteten: Es soll nie jemand auf diesem Platze sitzen außer einem, es sei denn, daß der umgekommen wäre. Da sagte der Einsiedler: Wißt ihr, wer es ist? Nein, sagten Artus und all die Ritter, wir wissen nicht, wer es ist, der hier sitzen soll. Dann weiß ich es, sagte der Einsiedler, denn der, der hier sitzen soll, ist ungeboren und ungezeugt, und in diesem Jahr soll er erzeugt werden, der auf diesem Gefährlichen Platz sitzen wird, und er soll den heiligen Gral gewinnen. Als der Einsiedler diese Verkündigung gesprochen hatte, schied er vom Hof König Artus'. Und nach diesem Fest ritt dann Sir Launcelot auf Abenteuer, bis er eines Tages über die Brücke von Corbin kam; und da sah er die schönste Burg, die er je sah, und darunter lag eine schöne Stadt voller Menschen; und alle Leute, Männer und Frauen, riefen einhellig: Willkommen, Sir Launcelot vom See, Blume der Ritterschaft, denn durch dich sollen wir alle aus einer Gefahr errettet werden. Was meint ihr, sagte Sir Launcelot, daß ihr mir so zuruft? Ach, edler Ritter, sagten sie alle, hier in dieser Burg ist eine schmerzhafte Dame, die schon viele Winter und Tage hier in Qualen gewesen ist, denn immer kocht sie in brühend heißem Wasser; und erst kürzlich, sagten die Leute alle, war Sir Gawain hier und konnte ihr nicht helfen, und so ließ er sie in der Qual. So mag ich, sagte Sir Launcelot, sie ebensowohl in Qualen lassen wie Sir Gawain. Nein, sagte das Volk, wir wissen wohl, daß es Sir Launcelot ist, der sie befreien soll. Wohlan, sagte Launcelot, dann zeigt mir, was ich tun soll. Dann brachten sie Sir Launcelot auf die Burg; und als er in das Gemach kam, worin diese Dame war, öffneten die eisernen Tore ihre Schlösser und Riegel. Und so ging Sir Launcelot in das Gemach, das heiß war wie das heißeste Bad. Und da nahm Sir Launcelot die schönste Dame bei der Hand, die er je sah, und sie war splitternackt; und durch Zauber hatten Königin Morgan le Fay und die Königin von Nordgalis diese Qualen über sie gebracht, weil sie die schönste Dame des Landes genannt wurde; und da war sie fünf Jahre gewesen und konnte nie aus ihren großen Qualen befreit werden, bis der beste Ritter der Welt sie bei der Hand genommen hatte. Dann brachten die Leute ihr Kleider. Und als sie angezogen war, dachte Sir Launcelot, sie wäre die schönste Dame der Welt, außer Königin Guinever. Da sagte diese Dame zu Sir Launcelot: Herr, wäre es Euch gefällig, mit mir hier in der Nähe in eine Kapelle zu gehen, daß wir Gott Lob und Dank sagen? Edle Dame, sagte Sir Launcelot, kommt mit mir, ich will mit Euch gehen. Als sie so hingekommen waren und Gott ihren Dank erstatteten, pries alles Volk, Gelehrte und Laien, Gott und ihn und sagte: Herr Ritter, da Ihr diese Dame befreit habt, sollt Ihr uns von einem Drachen erlösen, der hier in einem Grabmal haust. Da nahm Sir Launcelot seinen Schild und sagte: Bringt mich hin, und was ich Gott und euch zu Gefallen tun kann, will ich tun. Als so Sir Launcelot dahin gekommen war, sah er auf dem Grabstein goldene Buchstaben geschrieben, die besagten: Hierher soll ein Leopard aus königlichem Blute kommen, und er wird diesen Drachen erschlagen, und dieser Leopard wird in diesem fremden Lande einen Löwen zeugen, und dieser Löwe wird alle andern Ritter überragen. So hob denn Sir Launcelot den Stein auf, und da kam ein gräßlicher und höllischer Drache heraus und spie Feuer aus seinem Maule. Da zog Sir Launcelot sein Schwert und kämpfte lange mit dem Drachen, und nach argen Mühen erschlug er ihn schließlich. In diesem Augenblick kam König Pelles, der gute und edle Ritter, und grüßte Sir Launcelot und er ihn wieder. Edler Ritter, sagte der König, wie ist Euer Name? Ich bitte Euch bei Eurer Ritterschaft, nennt ihn mir.

WIE SIR LAUNCELOT ZU PELLES KAM, UND VOM HEILIGEN GRAL, UND VON ELAINE, KÖNIG PELLES' TOCHTER

Herr, sagte Launcelot, wisset, mein Name ist Sir Launcelot vom See. Und mein Name ist, sagte der König, Pelles, König des Fremden Landes und naher Verwandter Josephs von Arimathia. Und dann freuten sich beide miteinander, und so gingen sie in die Burg, um ihr Mahl zu nehmen. Und da flog eine Taube zu einem Fenster herein, und in ihrem Schnabel leuchtete ein kleines goldenes Weihrauchfaß. Und mit einem Mal erhob sich solch ein Duft, als ob die Spezerei der ganzen Welt darin gewesen wäre. Und gleich standen auf dem Tisch alle Arten Speisen und Getränke, die man erdenken konnte. So kam ein sehr schönes und junges Fräulein herein, und sie trug ein goldenes Gefäß in den Händen, und davor kniete der König andächtig und sprach seine Gebete, und so taten alle, die da waren. O Jesus, sagte Sir Launcelot, was mag das bedeuten? Dies ist, sagte der König, das reichste Ding, das irgendein Mensch auf Erden hat. Und wenn dieses Ding untergeht, wird die Tafelrunde zerbrechen; und wisse, sagte der König, dies ist der heilige Gral, den Ihr hier gesehen habt. So führten der König und Sir Launcelot die meiste Zeit dieses Tages über ihr Leben. Und gern hätte König Pelles ein Mittel gefunden, um Sir Launcelot dazu zu bringen, bei seiner Tochter, der schönen Elaine, zu liegen. Und aus dieser Absicht: der König wußte wohl, daß Sir Launcelot mit seiner Tochter ein Kind zeugen sollte, das sollte Sir Galahad der gute Ritter heißen, durch den das ganze Fremde Land aus jeder Gefahr errettet werden sollte, und durch den der heilige Gral vollendet werden sollte. Da trat eine Dame vor, die hieß Dame Brisen, und sie sagte zu dem König: Herr, wisset wohl, Sir Launcelot liebt keine Frau in der Welt als ganz allein Königin Guinever; und also steht mir mit Eurem Rate bei, und ich will ihn dazu bringen, bei Eurer Tochter zu liegen, und er soll nicht anders wissen, als daß er bei Königin Guinever liege. O edle Frau, Dame Brisen, sagte der König, hofft Ihr, das zustande zu bringen? Herr, sagte sie, bei meinem Leben, laßt mich gewähren; denn diese Brisen war eine der größten Zauberinnen, die zu der Zeit in der Welt lebten. Dann brachte es gleich Dame Brisen mit ihrer Kunst zustande, daß einer zu Sir Launcelot kam, den er gut kannte. Und dieser Mann brachte ihm einen Ring von Königin Guinever, wie wenn er von ihr käme, und es war so einer, wie sie ihn oft getragen hatte; und als Sir Launcelot dieses Zeichen sah, da wurde er, das dürft ihr glauben, sehr froh. Wo ist meine Herrin? fragte Sir Launcelot. In der Burg Case, sagte der Bote, nur fünf Meilen von hier. Da gedachte Sir Launcelot, noch in dieser Nacht dort zu sein. Und dann ließ diese Brisen auf Befehl des Königs Pelles Elaine mit fünfundzwanzig Rittern nach der Burg Case schicken. Dann ritt Sir Launcelot, als die Nacht nahte, zu dieser Burg, und da wurde er gleich ehrenvoll von solchen Leuten empfangen, die ihm das Aussehen hatten, als wären sie die vertraute Dienerschaft der Königin Guinever. Als so Sir Launcelot abgestiegen war, fragte er, wo die Königin wäre. So sagte Dame Brisen, sie wäre zu Bett; und dann zogen sich die Leute zurück, und Sir Launcelot wurde in sein Gemach geführt. Und dann brachte Dame Brisen Sir Launcelot einen Becher Weins; und sowie er diesen Wein getrunken hatte, wurde er so wild und toll, daß er nicht warten konnte, sondern unverzüglich zu Bett ging; und er wähnte, dieses Mädchen Elaine wäre die Königin Guinever. Ihr dürft glauben, daß Sir Launcelot froh war, und froh war auch diese Dame Elaine, daß sie Sir Launcelot in ihren Armen empfing. Denn sie wußte wohl, daß sie in dieser Nacht Galahad von ihm empfangen sollte, der sich als der beste Ritter der Welt bewähren sollte; und so lagen sie zusammen bis zum späten Vormittag des nächsten Tages; und alle Fenster und Öffnungen dieses Zimmers waren verhängt, daß nichts vom Tag hereinscheinen konnte. Und dann kam Sir Launcelot zu sich, und er stand auf und ging zum Fenster.

WIE SIR LAUNCELOT BEKÜMMERT WAR, ALS ER MERKTE, DASS ER BEI ELAINE GELEGEN WAR, UND WIE SIE MIT GALAHAD NIEDERKAM

Und sowie er das Fenster geöffnet hatte, war der Zauber gewichen; da wußte er, daß er gefehlt hatte. Ach weh, sagte er, daß ich so lange gelebt habe, jetzt bin ich in Schmach. So nahm er sein Schwert zur Hand und sagte: Du Verräterin, wer bist du, bei der ich die ganze Nacht gelegen habe? Du sollst hier auf der Stelle von meiner Hand sterben. Da sprang diese schöne Dame Elaine ganz nackt aus ihrem Bett und kniete vor Sir Launcelot nieder und sagte: Hochedler Ritter, Sproß aus königlichem Blut, ich bitte Euch, habt Gnade mit mir, und so wahr du berühmt bist als edelster Ritter der Welt, erschlage mich nicht, denn ich trage durch dich in meinem Schoß den, der der edelste Ritter der Welt werden soll. Ah, falsche Verräterin, sagte Sir Launcelot, warum hast du mich verraten? Sag mir sofort, wer du bist. Herr, sagte sie, ich bin Elaine, die Tochter des Königs Pelles. Wohlan, sagte Sir Launcelot, ich will Euch diese Tat verzeihen; und damit schloß er sie in seine Arme und küßte sie, denn sie war eine schöne Dame und dazu heiter und jung, und war so schön und so klug wie irgendeine, die zu der Zeit lebte. So wahr mir Gott helfe, sagte Sir Launcelot, ich kann Euch das nicht nachtragen; aber die, die diesen Zauber auf mich legte, zwischen Euch und mir, wenn ich die finden kann, diese Dame Brisen, dann soll sie wegen ihrer Zauberei den Kopf verlieren, denn nie ist ein Ritter so betrogen worden, wie ich in dieser Nacht. Und so zog Sir Launcelot sich an und wappnete sich und nahm freundlichen Abschied von dieser Dame Jung-Elaine, und so schied er. Da sagte sie: Hoher Herr Sir Launcelot, ich beschwöre Euch, seht nach mir, so bald Ihr könnt, denn ich habe mich der Weissagung gefügt, die mein Vater mir sagte. Und auf sein Geheiß, diese Weissagung zu vollenden, habe ich den größten Schatz und die schönste Blume, die ich hatte, hingegeben, und das ist mein Magdtum, das ich nie wiederbekommen werde; und also, edler Ritter, seid gütig zu mir. Und so kleidete Sir Launcelot sich an und wurde gewappnet und nahm freundlichen Abschied von der jungen Dame Elaine; und so brach er auf und ritt, bis er zur Burg Corbin kam, wo ihr Vater war. Und als ihre Zeit gekommen war, kam sie mit einem schönen Kinde nieder, und sie tauften es Galahad; und ihr sollt wissen, dieses Kind wurde gut gepflegt und versorgt, und es erhielt den Namen Galahad, weil Sir Launcelot in der Taufe so genannt worden war; und erst später hatte ihm die Dame vom See den Namen Sir Launcelot vom See gegeben. Dann, nachdem diese Dame entbunden und zur Kirche gegangen war, kam ein Ritter zu ihr, sein Name war Sir Bromel la Pleche, der ein großer Herr war; und er hatte diese Dame lang geliebt und begehrte immer, sie zu heiraten; und so konnte sie ihn mit keinem Mittel loswerden, bis sie eines Tages zu Sir Bromel sagte: Wisset, Herr Ritter, ich will Euch nicht lieben, denn meine Liebe gehört dem besten Ritter der Welt. Wer ist das? fragte Sir Bromel. Herr, sagte sie, es ist Sir Launcelot vom See, den ich liebe und keinen andern, und also werbt nicht länger um mich. Ihr sprecht recht, sagte Sir Bromel, und da Ihr mir so viel gesagt habt, sage ich Euch, Ihr sollt nicht viel

Freude an Sir Launcelot haben, denn ich werde ihn erschlagen, wo ich ihn treffe. Herr, sagte die Dame Elaine, übt keinen Verrat gegen ihn. Wisset nur, sagte Bromel, ich gelobe Euch, dieses Jahr lang will ich um Sir Launcelots willen die Brücke von Corbin besetzt halten, daß er zu Euch nicht kommen noch gehen kann, ohne daß ich mit ihm zusammentreffe.

WIE SIR BORS ZU DAME ELAINE KAM UND GALAHAD SAH, UND WIE ER VOM HEILIGEN GRAL GESPEIST WURDE

Da traf es sich, daß Sir Bors von Ganis, das war Sir Launcelots Neffe, auf seinen Abenteuern über diese Brücke kam; und da kämpften Sir Bromel und Sir Bors, und Sir Bors versetzte Sir Bromel einen solchen Stoß, daß er ihn über sein Pferd hinunterstieß. Und dann zog Sir Bromel als kühner Ritter sein Schwert und hob seinen Schild, um mit Sir Bors zu fechten. Und dann stieg Sir Bors ab und machte sich vom Pferd frei, und da schlugen sie einander viele scharfe Streiche; und so kämpften sie lange, bis schließlich Sir Bromel zu Boden lag, und da fing Sir Bors an, seinen Helm zu öffnen, um ihn zu erschlagen. Da rief Sir Bromel um Gnade und ergab sich Sir Bors. Unter der Bedingung sollst du dein Leben retten, sagte Sir Bors, daß du am nächsten Pfingsttag zu Sir Launcelot gehst und dich ihm als unterworfener Ritter ergibst. Ich will es tun, sagte Sir Bromel, und schwor es auf das Kreuz des Schwertes. Und so ließ er ihn abziehn, und Sir Bors ritt zu König Pelles, der in der Burg Corbin war. Und als der König und seine Tochter Elaine hörten, daß Sir Bors Sir Launcelots Neffe war, hießen sie ihn herzlich willkommen. Dann sagte Dame Elaine: Wir wundern uns, wo Sir Launcelot ist, denn er ist nur ein einziges Mal hierhergekommen. Wundert Euch nicht, sagte Sir Bors, denn im letzten halben Jahr ist er bei Königin Morgan le Fay, König Artus' Schwester, gefangen gewesen. Ach weh, sagte Dame Elaine, das tut mir leid. Und immer sah Sir Bors das Kind in ihren Armen an, und immer schien es ihm Sir Launcelot sehr ähnlich zu sein. Wahrlich, sagte Elaine, wisset nur, dieses Kind hat er mit mir erzeugt. Da weinte Sir Bors vor Freude, und er betete zu Gott, es möchte ein so guter, bewährter Ritter werden wie sein Vater. Und so kam eine weiße Taube herein, und sie trug ein kleines goldenes Weihrauchfaß in ihrem Schnabel, und da gab es denn alle Arten Speisen und Getränke; und ein Mädchen trug den heiligen Gral, und sie sagte laut vor allen: Wisset, Sir Bors, dieses Kind ist Galahad, das auf dem Gefährlichen Platze sitzen und den heiligen Gral vollenden soll, und es soll viel besser werden, als je Sir Launcelot vom See war, der sein eigener Vater ist. Und dann knieten sie nieder und verrichteten ihre Andacht, und da erhob sich ein solcher Duft, als wäre da die Spezerei der ganzen Welt. Und als die Taube wieder fortgeflogen war, verschwand das Mädchen mit dem heiligen Gral, wie es gekommen war. Herr, sagte Sir Bors zu König Pelles, diese Burg kann mit Fug die Burg der Abenteuer genannt werden, denn hier sind viele seltsame Abenteuer. Das ist wahr, sagte der König, wirklich darf dieser Platz der Platz der Abenteuer genannt werden, denn hier kommen nur wenige Ritter her, die in Ehren fortgehen; mag er noch so stark sein, hier kann er geprüft werden; und erst kürzlich hat Sir Gawain, der gute Ritter, hier nur wenig Ehre gewonnen. Denn ich tue dir kund, sagte König Pelles, hier wird kein Ritter Ehre gewinnen, als wenn er selber Ehre und gute Führung hat und Gott liebt und fürchtet, und sonst erlangt er hier keine Ehre, und wenn er noch so gewaltig wäre. Das ist ein wunderbares Ding, sagte Sir Bors. Was das alles in diesem Lande bedeutet, weiß ich nicht, denn ihr habt viele seltsame Abenteuer, und also will ich die Nacht in dieser Burg verbringen. Ihr sollt das nicht tun, sagte König Pelles, wenn Ihr meinem Rat folgt, denn es ist ein schweres Ding, ohne Makel davonzukommen. Ich will das Abenteuer auf mich nehmen, das mir zustößt, sagte Sir Bors. Dann rate ich Euch, sagte der König, Euch erst durch die Beichte rein zu machen. Was das angeht, sagte Sir Bors, will ich gern beichten. So wurde Sir Bors die Beichte abgenommen, und allen Frauen gegenüber war Sir Bors keusch, außer einer, das war die Tochter des Königs Brangoris, und mit ihr hatte er ein Kind gezeugt, das hieß Elian, und abgesehen von ihr war Sir Bors rein und keusch. Und so wurde Sir Bors in einem schönen, großen Zimmer ins Bett gelegt, und viele Türen wurden um das Zimmer herum verschlossen. Als Sir Bors all diese Türen gewahrte, schickte er alle Leute fort, denn er mochte niemanden bei sich haben; aber keinesfalls wollte Sir Bors die Rüstung ablegen, sondern so legte er sich nieder zu Bett. Und da sah er ein Licht hereindringen, daß er deutlich einen großen und langen Speer sehen konnte, der mit der Spitze gerade auf ihn zukam, und es schien Sir Bors, daß die Spitze des Speers brannte wie eine Fackel. Und ehe Sir Bors wußte, wie ihm geschah, hatte der Speer ihm eine tiefe Wunde in die Schulter gestoßen, und Sir Bors hatte große Schmerzen. Und dann legte er sich wieder vor Schmerz hin; und gleich kam nun ein gewappneter Ritter mit dem Schild über der Schulter und dem Schwert in der Hand herein, und er rief Sir Bors zu: Steht auf, Herr Ritter, und kämpft mit mir. Ich bin sehr verwundet, sagte er, aber doch will ich mich deiner Herausforderung nicht entziehen. Und da stand Sir Bors auf und hob seinen Schild, und da drangen sie lange Zeit gewaltig aufeinander ein, und schließlich trieb ihn Sir Bors rückwärts, bis er bei einer Tür war, die in ein Zimmer führte, und da ging der Ritter in das Zimmer hinein und ruhte sich lange Zeit aus. Und als er sich ausgeruht hatte, kam er mit frischen Kräften wieder herein und hub mit gewaltiger Kraft einen neuen Kampf mit Sir Bors an.

WIE SIR BORS SIR PEDIVERE DAZU BRACHTE, SICH ZU ÜBERGEBEN, UND VON WUNDERBAREN ABENTEUERN, DIE ER HATTE, UND WIE ER SIE BESTAND

Da gedachte Sir Bors, er sollte nicht mehr in das Zimmer gehen, um dort zu rasten, und so stellte sich Sir Bors zwischen den Ritter und die Zimmertür, und da schlug Sir Bors ihn nieder, und dann ergab sich ihm der Ritter. Wie heißt Ihr? fragte Sir Bors. Herr, sagte er, mein Name ist Pedivere von den Geraden Marken. So ließ ihn Sir Bors schwören, am nächsten Pfingstfest am Hof König Artus' zu sein und sich dort als ein von den Händen des Sir Bors überwundener Ritter gefangen zu geben. So entfernte sich Sir Pedivere von den Geraden Marken. Und dann ließ sich Sir Bors zur Ruhe nieder, und da hörte und spürte er viel Lärm im Zimmer; und da merkte Sir Bors, daß, er wußte nicht durch Türen oder Fenster, Schüsse von Pfeilen und Bolzen hageldicht hereinkamen, und viele fielen auf ihn und verwundeten ihn an den Stellen, wo er nicht geschützt war. Und da gewahrte Sir Bors, wie ein gräßlicher Löwe hereinkam; so wandte sich Sir Bors gegen den Löwen, und sofort nahm ihm der Löwe seinen Schild, und mit seinem Schwert schlug Sir Bors dem Löwen den Kopf ab. Da sah Sir Bors plötzlich einen grauenhaften Drachen hereinkommen, und an seiner Stirn schienen goldene Buchstaben geschrieben; und Sir Bors kam es vor, daß die Buchstaben etwas von König Artus besagten. Da kam mit einem Mal ein schrecklicher alter Leopard, und da kämpften sie lange miteinander. Und schließlich spie der Drache etwas aus seinem Maul, als ob es hundert Drachen wären; und kurzerhand erschlugen alle die kleinen Drachen den alten und rissen ihn ganz in Stücke. Da kam nun mit einem Mal ein alter Mann in die Halle, und er setzte sich in einen schönen Stuhl nieder, und es schienen zwei Nattern um seinen Hals geringelt; und dann hatte der alte Mann eine Harfe und sang da ein altes Lied, wie Joseph von Arimathia in dieses Land gekommen war. Dann, als er gesungen hatte, hieß der alte Mann Sir Bors von dannen gehn. Denn hier werdet Ihr keine Abenteuer mehr haben; und sehr ehrenhaft habt Ihr bestanden; und späterhin sollt Ihr es noch besser vollbringen. Und dann schien es Sir Bors, daß eine schneeweiße Taube mit einem kleinen goldenen Weihrauchfaß im Schnabel herzugeflogen kam. Und mit einem Mal hörte der Sturm auf und legte sich, der zuvor gewaltig zu hören war. So war die ganze Halle voll süßer Düfte. Dann sah Sir Bors vier Kinder, die vier schöne Kerzen trugen, und einen alten Mann in der Mitte der Kinder mit einem Weihrauchfaß in der einen Hand und einer Lanze in der andern Hand, und diese Lanze hieß die Lanze der Rache.

WIE SIR BORS ABREISTE, UND WIE SIR LAUNCELOT VON KÖNIGIN GUINEVER VORWÜRFE EMPFING, UND VON SEINER ENTSCHULDIGUNG

Nun, sagte der alte Mann zu Sir Bors, geht zu Eurem Vetter Sir Launcelot und berichtet ihm von diesem Abenteuer, das für ihn am meisten von allen Rittern auf Erden gepaßt hätte; aber die Sünde ist in ihm so stinkend, daß er solche heilige Taten nicht vollbringen kann, denn wäre seine Sünde nicht gewesen, dann hätte er alle Ritter, die je in seinen Tagen waren, überragt; und sag du Sir Launcelot, in allen weltlichen Abenteuern überragt er an Männlichkeit und Heldenmut alle andern, aber in diesen geistlichen Dingen wird er viele haben, die ihn übertreffen. Und dann sah Sir Bors vier schön gekleidete Edelfrauen auf sich zukommen; und er sah, wie sie in ein Gemach schritten, in dem helles Licht war wie ein Wetterleuchten; und die Frauen knieten vor einem silbernen Altar mit vier Säulen nieder, und es war, als wäre da ein Bischof, der vor dem silbernen Tische kniete. Und als Sir Bors über sich blickte, sah er ein Schwert wie pures Silber über seinem Haupte hängen, und die Reinheit dieses Glanzes traf seine Augen so, daß er dermalen blind war, und da hörte er eine Stimme, die sagte: Geh von hinnen, du Sir Bors, denn jetzt bist du noch nicht würdig, an dieser Stätte zu weilen. Und dann ging er rückwärts zu seinem Bett und blieb da bis zum Morgen. Und am Morgen hatte König Pelles große Freude mit Sir Bors, und dann reiste er weiter und ritt nach Camelot, und da traf er Sir Launcelot vom See und berichtete ihm von den Abenteuern, die er bei König Pelles in Corbin gesehen hatte. So verbreitete sich das Gerücht an Artus' Hof, daß Launcelot mit Elaine, des Königs Pelles Tochter, ein Kind gezeugt hatte, und darüber wurde Königin Guinever zornig und machte Sir Launcelot viele Vorwürfe und nannte ihn einen falschen Ritter. Und da berichtete Sir Launcelot der Königin alles, und wie er durch Zauber dazu gebracht worden war, bei ihr, die die Gestalt der Königin hatte, zu liegen. So hielt die Königin Sir Launcelot für entschuldigt. Und wie das Buch sagt, war König Artus in Frankreich gewesen und hatte Krieg gegen den mächtigen König Claudas geführt und hatte viele seiner Länder erobert. Und als der König zurückgekommen war, ließ er ein großes Fest ausrufen, bei dem alle Herren und Damen von ganz England sein sollten, abgesehen von denen, die im Aufruhr gegen ihn standen.

WIE DAME ELAINE, GALAHADS MUTTER, IN GROSSEM GEPRÄNGE NACH CAMELOT KAM, UND WIE LAUNCELOT SICH DA BETRUG

Und als dann Elaine, die Tochter des Königs Pelles, von diesem Fest hörte, ging sie zu ihrem Vater und bat ihn, er möchte ihr Urlaub geben, zu diesem Feste zu reiten. Der König antwortete: Ich will wohl, daß Ihr hingeht, aber durchaus müßt Ihr, wenn Ihr mich liebt und meinen Segen haben wollt, mit allem aufs reichste versehen sein, und sorgt, daß Ihr keine Kosten spart; begehrt, und Ihr sollt alles haben, was Ihr braucht. Dann wurde mit Hilfe von Dame Brisen, ihrer Zofe, alles so gerüstet, daß nie eine Dame reicher ausgestattet war. So ritt sie mit zwanzig Rittern und zehn Damen und Edelfrauen, insgesamt mit hundert Pferden. Und als sie nach Camelot gekommen war, sagten König Artus und Königin Guinever und alle Ritter, so schön und so herrlich angetan wäre noch keine Dame am Hofe gewesen. Und sowie König Artus erfuhr, daß sie gekommen war, ging er ihr entgegen und begrüßte sie, und das taten auch die meisten Ritter der Tafelrunde, Sir Tristram, Sir Bleoberis und Sir Gawain und viele andere, die ich nicht aufzählen will. Aber als Sir Launcelot sie sah, schämte er sich so sehr, und zwar deswegen, weil er an dem Morgen, als er bei ihr gelegen war, sein Schwert gezogen hatte, daß er sie nicht begrüßen und nicht mit ihr sprechen wollte; und doch meinte Sir Launcelot, sie wäre die schönste Frau, die er seiner Lebtag gesehen hatte. Aber als Dame Elaine Sir Launcelot sah, der nicht zu ihr sprechen wollte, da wurde sie so traurig, daß sie dachte, ihr Herz müßte zerspringen, denn ihr müßt wissen, sie liebte ihn über die Maßen. Und da sagte Elaine zu ihrer Zofe, Dame Brisen: Die Unfreundlichkeit Sir Launcelots trifft mich hart. Ach, seid still, sagte Dame

Brisen, ich will veranstalten, daß er heute nacht bei Euch liegt, wenn Ihr Euch stillhaltet. Das wäre mir lieber, sagte Dame Elaine, als alles Gold auf der Erde. Laßt mich gewähren, sagte Dame Brisen. Als so Elaine zur Königin Guinever geführt worden war, waren sie äußerlich freundlich miteinander, aber es kam nicht von Herzen. Aber alle Männer und Frauen sprachen von der Schönheit der Dame Elaine und von ihrem großen Reichtum. Dann zur Nacht befahl die Königin, daß Dame Elaine in einem Zimmer unmittelbar neben ihrem Zimmer schlafen sollte; und so geschah es, wie die Königin befahl. Dann sandte die Königin nach Sir Launcelot und hieß ihn in dieser Nacht in ihr Zimmer kommen: Denn sonst bin ich sicher, sagte die Königin, daß Ihr zum Bett Eurer Dame Elaine geht, mit der Ihr Galahad gezeugt habt. Ach, Frau Königin, sagte Sir Launcelot, sagt das doch nicht, denn was ich tat, war gegen meinen Willen. Dann, sagte die Königin, sorgt, daß Ihr zu mir kommt, wenn ich um Euch sende. Hohe Frau, sagte Launcelot, ich werde nicht ausbleiben, sondern Eurem Befehl Folge leisten. Diese Verabredung war bald zwischen ihnen getroffen, aber Dame Brisen erfuhr es durch ihre Künste und berichtete es ihrer Herrin, Dame Elaine. Ach weh, sagte sie, was soll ich tun? Laßt mich machen, sagte Dame Brisen, denn ich werde ihn an meiner Hand zu Eurem Bett führen, und er soll wähnen, ich sei Königin Guinevers Botin. Nun ist mir wohl, sagte Dame Elaine, denn ich liebe die ganze Welt nicht so sehr wie Sir Launcelot.

WIE DAME BRISEN DURCH ZAUBEREI SIR LAUNCELOT AN ELAINES BETT BRACHTE, UND WIE KÖNIGIN GUINEVER IHN SCHALT

Als so die Zeit kam, wo alle Leute zu Bett waren, trat Dame Brisen an Sir Launcelots Bett und sprach: Sir Launcelot vom See, schlaft Ihr? Meine Herrin, Königin Guinever, liegt und wartet auf Euch. O meine liebe Dame, sagte Sir Launcelot, ich bin bereit, mit Euch zu gehn, wo Ihr mich haben wollt. So warf Sir Launcelot ein langes Gewand um und nahm sein Schwert in die Hand; und dann nahm Dame Brisen ihn am Finger und führte ihn zum Bett ihrer Herrin, Dame Elaine; und dann ging sie und ließ sie beisammen im Bett. Ihr dürft glauben, die Dame war froh, und froh war Sir Launcelot, denn er wähnte, er hätte eine andere in seinen Armen. Jetzt lassen wir sie bei ihren Küssen und Umarmungen und ihrem Kosen; und nun sprechen wir von Königin Guinever, die eine ihrer Frauen an Sir Launcelots Bett sandte; und als sie hinkam, fand sie das Bett kalt, und er war fort; so kam sie zu der Königin und berichtete ihr alles. Ach weh, sagte die Königin, wo ist dieser falsche Ritter hingekommen? Da kam die Königin fast von Sinnen, und sie wand und wälzte sich wie eine Besessene und konnte vier oder fünf Stunden nicht schlafen. Nun hatte Sir Launcelot eine Gewohnheit, er schwatzte im Schlafe und sprach oft von seiner Herrin, Königin Guinever. Als dann Sir Launcelot so lange gewacht hatte, als es ihm gefiel, dann schlief er natürlich ein, und ebenso Dame Elaine. Und im Schlaf sprach und schwatzte er wie ein redseliges Frauenzimmer von der Liebe, die zwischen Königin Guinever und ihm gewesen war. Und so, als er so laut redete, hörte die Königin ihn, da, wo sie in ihrem Zimmer lag; und als sie ihn so schwatzen hörte, wurde sie beinahe toll und besinnungslos und wußte vor Schmerz und

Pein nicht, was sie tun sollte. Und dann hustete sie so laut, daß Sir Launcelot aufwachte, und er erkannte ihr Räuspern. Und da merkte er wohl, daß er nicht bei der Königin lag; und damit sprang er wie ein Besessener in seinem Hemd aus dem Bett, und die Königin trat ihm entgegen und sprach so: Falscher Verräter-Ritter, der du bist, sorg, daß du von meinem Hofe gehst, meide mein Zimmer und sei nicht so kühn, du falscher Verräter-Ritter, der du bist, daß du mir je wieder vor Augen trittst. Wehe, sagte Sir Launcelot; und damit kam ihm ein solches Herzweh über ihre Worte, daß er ohnmächtig zu Boden fiel. Und da verließ ihn Königin Guinever. Und als Sir Launcelot aus seiner Ohnmacht erwachte, sprang er aus einem Fenster in einen Garten, und da wurde er an Gesicht und Körper arg von Dornen zerkratzt; und so rannte er fort, er wußte nicht wohin, und war so wild und toll, wie je ein Mann war; und so rannte er zwei Jahre, und nie konnte ihn jemand erkennen.

WIE DAME ELAINE VON KÖNIGIN GUINEVER DEN HOF MEIDEN GEHEISSEN WURDE, UND WIE SIR LAUNCELOT WAHNSINNIG WURDE

Nun wenden wir uns zu Königin Guinever und zu der schönen Dame Elaine, die, als sie hörte, was für harte Worte die Königin Sir Launcelot gab, und sah, wie er in Ohnmacht fiel, und wie er aus dem Erkerfenster heruntersprang, zu Königin Guinever sagte: Frau Königin, Ihr seid sehr zu tadeln wegen Sir Launcelot, denn nun habt Ihr ihn verloren, denn ich hörte und sah an seiner Miene, er ist wahnsinnig für immer. Wehe, Frau Königin, Ihr begeht große Sünde und tut Euch selber große Schmach, denn Ihr habt selbst einen Gemahl, und daher ist es Eure Pflicht, ihn zu lieben; denn keine Königin in dieser Welt hat noch solch einen König wie Ihr. Und wenn Ihr nicht wäret, könnte mir die Liebe meines Herrn Sir Launcelot werden; und Grund habe ich, ihn zu lieben; denn er hat mir mein Magdtum genommen, und durch ihn habe ich einen schönen Sohn geboren, und sein Name ist Galahad, und er wird zu seiner Zeit der beste Ritter der Welt sein. Dame Elaine, sagte die Königin, sobald es Tag ist, fordere ich von Euch und befehle Euch, meinen Hof zu verlassen; und um der Liebe willen, die Ihr Sir Launcelot schuldet, verratet nicht sein Geheimnis, denn wenn Ihr es tut, so wird es sein Tod sein. Was das angeht, sagte Dame Elaine, so glaube ich, daß er für immer vernichtet ist, und das habt Ihr getan; denn weder Ihr noch ich werden wohl jemals noch Lust von ihm haben, denn er stieß die schrecklichsten Klagelaute aus, als er aus jenem Erkerfenster sprang, die ich je von einem Menschen hörte. Wehe, sagte Schön-Elaine, und wehe, sagte Königin Guinever, denn nun ist mir gewiß, wir haben ihn für immer verloren. So am Morgen nahm dann Elaine ihren Abschied, und sie wollte nicht länger verweilen. Dann begleitete König Artus sie ein Stück Wegs mit hundert Rittern durch einen Wald. Und auf dem Wege erzählte sie Sir Bors von Ganis alles, wie es sich in selbiger Nacht zugetragen hatte, und wie Sir Launcelot um seinen Verstand gebracht und aus dem Fenster gesprungen war. Wehe, sagte Sir Bors, wo ist mein Herr Sir Launcelot hingekommen? Herr, sagte Elaine, ich weiß nicht. Wehe, sagte Sir Bors, ihr beide zusammen habt diesen guten Ritter zugrunde gerichtet. Was mich angeht, sagte Dame Elaine, so sagte und tat ich nie etwas, was ihm irgendwie mißfallen konnte, aber von den harten Worten, die Königin Guinever ihm gab, sah ich ihn ohnmächtig niedersinken; und als er erwachte, nahm er sein Schwert zur Hand und sprang im Hemd aus dem Fenster mit den gräßlichsten Wehelauten, die ich je von einem Menschen hörte. Nun lebt wohl, Dame Elaine, sagte Sir Bors, und haltet den hohen Herrn Artus, solange Ihr könnt, mit einer Erzählung fest, denn ich will zur Königin Guinever zurückkehren und ihr ein Wörtchen sagen, und ich verlange von Euch, so Ihr jemals meine Dienste wünscht, haltet gut Wacht und trachtet, den hohen Herrn Sir Launcelot zu erspähen. Bei meinem Leben, sagte Schön-Elaine, ich will tun, was ich kann, denn mir liegt ebensoviel daran wie Euch oder einem seiner Sippe oder Königin Guinever, zu wissen und erkunden, wo er hingekommen ist; und Grund genug habe ich dazu, so gut wie irgendeiner. Und wisset, sagte Schön-Elaine zu Sir Bors, ich möchte mein Leben lieber für ihn hingeben, als daß ihm etwas zugestoßen sein sollte; aber wehe, ich hoffe nicht, ihn jemals wiederzusehen, und Dame Guinever hat dies hauptsächlich verschuldet. Hohe Frau, sagte Dame Brisen, die den Zauber zwischen Sir Launcelot und ihr vordem bewirkt hatte; ich bitte Euch von Herzen, laßt Sir Bors ziehen und treibt ihn zur Eile, mit all seiner Macht Sir Launcelot zu suchen, denn ich tue Euch zu wissen, er ist ganz und gar von Sinnen; und doch wird ihm durch ein Wunder geholfen werden. Dann weinte Dame Elaine, und ebenso Sir Bors von Ganis; und so schieden sie, und Sir Bors ritt geradeswegs zu Königin Guinever. Und als sie Sir Bors sah, weinte sie, als ob sie den Verstand verloren hätte. Pfui über Euer Weinen, sagte Sir Bors von Ganis, denn Ihr weint bloß, wenn es zu spät ist. Wehe, sagte Sir Bors, daß jemals einer von Sir Launcelots Sippe Euch erblickte, denn nun habt Ihr den besten Ritter aus unserm Blut, und der unser Führer und unsere Zuflucht war, ins Verderben gebracht; und ich behaupte und sage, daß alle Könige, christlich oder heidnisch, keinen solchen Ritter finden können, in Anbetracht seines Adels und höfischen Wesens; gepaart mit seiner Schönheit und Sanftmut. Wehe, sagte Sir Bors, was sollen wir tun, die wir aus seinem Blute sind? Wehe, sagte Sir Ector von Maris. Wehe, sagte Lionel.

WELCHE KLAGE KÖNIGIN GUINEVER UM SIR LAUNCELOT ERHOB, UND WIE ER VON RITTERN SEINER SIPPE GESUCHT WURDE

Und als die Königin sie so sagen hörte, fiel sie zur Erde in einer tödlichen Ohnmacht. Und dann hob Sir Bors sie auf und besprengte sie mit Wasser; und als sie erwacht war, kniete sie vor den drei Rittern nieder und erhob ihre beiden Hände und beschwor sie, ihn zu suchen. Und spart kein Geld und keine Mühe, daß er gefunden werde, denn ich weiß, er ist von Sinnen. Und Sir Bors, Sir Ector und Sir Lionel verabschiedeten sich von der Königin, denn sie konnten vor Kummer nicht länger bleiben. Und dann sandte ihnen die Königin Gold für ihre Ausgaben, und dann nahmen sie ihre Pferde und ihre Rüstungen und machten sich auf den Weg. Und dann zogen sie von Land zu Land, in Wälder und Wildnisse und Einöden; und überall, wo sie hinritten, lauerten sie in den Wäldern auf allerhand Männer, um nach dem zu forschen und auszuspähen, der ein Schwert in der Hand trug und nur mit einem Hemde bekleidet war. Und so ritten sie an ein Vierteljahr, in die Kreuz und Quere, in vielen Orten, Wäldern und Wildnissen, und waren um seinetwillen oft schlecht beherbergt; und bei all ihrer Mühe und all ihrem Suchen konnten sie nie das geringste von ihm erkunden. Und ihr mögt glauben, diese drei Ritter waren über die Maßen bekümmert. Schließlich aber begegneten Sir Bors und seine Gefährten einem Ritter, der Sir Melion de Tartare hieß. Nun, edler Ritter, sagte Sir Bors, wohin zieht Ihr des Wegs? denn sie hatten einander vorzeiten gekannt. Herr, sagte Melion, ich bin auf dem Wege nach dem Hof König Artus'. Dann bitten wir Euch, sagte Sir Bors, daß Ihr König Artus, meinem Herrn, und Königin Guinever, meiner Herrin, und der ganzen Genossenschaft der Tafelrunde saget, daß wir in keiner Weise Kunde erlangen können, was aus Sir Launcelot geworden ist. Dann zog Sir Melion von dannen und sagte ihnen, er würde dem König und der Königin und der ganzen Genossenschaft der Tafelrunde berichten, was sie ihm aufgetragen hatten. Als nun Sir Melion an König Artus' Hof kam, berichtete er dem König und der Königin und der ganzen Genossenschaft der Tafelrunde, was Sir Bors von Sir Launcelot gesagt hatte. Dann übernahmen es Sir Gawain, Sir Uwain, Sir Sagramore le Desirous, Sir Aglovale und Sir Percivale von Galis auf den inständigen Wunsch König Artus' und insbesondere der Königin, durch ganz England, Wales und Schottland Sir Launcelot zu suchen, und mit ihnen ritten noch achtzehn Ritter zu ihrer Gefolgschaft; und ihr mögt glauben, es fehlte ihnen an keinerlei Ausrüstung; und so waren sie dreiundzwanzig Ritter. Nun wenden wir uns zu Sir Launcelot und sprechen von seinem Kummer und Weh, und was für Plagen er erduldete; denn Kälte, Durst und Hunger hatte er reichlich zu ertragen. Und so brachen diese edlen Ritter einmütig auf und ritten zu zweit, zu dritt, zu viert und zu fünft, und immer bezeichneten sie, wo sie sich treffen würden. Und so ritten Sir Aglovale und Sir Percivale zusammen zu ihrer Mutter, die in jenen Tagen eine Königin war. Und als sie ihre beiden Söhne sah, weinte sie herzlich vor Freude. Und dann sagte sie: Ach, meine teuren Söhne, als euer Vater erschlagen wurde, hinterließ er mir vier Söhne, von denen nun schon zwei erschlagen sind. Und den Tod meines edlen Sohnes Sir Lamorak wird mein Herz niemals verwinden. Und dann sank sie vor Aglovale und Sir Percivale auf die Knie und beschwor sie, zu Hause bei ihrer Mutter zu bleiben. Ach, liebe Mutter, sagte Sir Percivale, wir können nicht, denn wir stammen aus königlichem Blut von beiden Seiten, und daher geziemt es uns, auf Waffen- und Ruhmestaten aus zu sein. Ach, meine lieben Söhne, sagte sie dann, euretwegen ist meine Lust und Liebe dahin, und Wind und Wetter vermag ich nicht mehr zu trotzen, und das ist wegen des Todes eures Vaters, König Pellinore, der von den Händen Sir Gawains und seines Bruders Sir Gaheris schimpflich erschlagen wurde: und sie erschlugen ihn nicht in mannhaftem Streit, sondern durch Verrat. Ach, meine lieben Söhne, das ist eine jammervolle Klage von mir über eures Vaters Tod, und noch dazu den Tod von Sir Lamorak, der an Ritterlichkeit nur wenige seinesgleichen hatte! Nun, meine lieben Söhne, beherziget dies. Dann war da nur Weinen und Schluchzen im Hof, als die Stunde des Abschieds gekommen war, und sie fiel inmitten des Hofs ohnmächtig nieder.

WIE KÖNIGIN GUINEVER MIT ETLICHEN RITTERN DER TAFELRUNDE, ALLE IN GRÜN GEKLEIDET, ZUM MAIEN RITT

So geschah es im Monat Mai, daß Königin Guinever Ritter der Tafelrunde zu sich berief; und sie teilte ihnen mit, daß sie früh am nächsten Morgen in Wälder und Felder bei Westminster zum Maien reiten wollte. Und ich sage euch, alle, die dabei sind, sollen gut beritten sein, und ihr sollt alle in Grün gekleidet sein, in Seide oder in Tuch; und ich werde zehn Damen mit mir nehmen, und jeder Ritter soll eine Dame hinter sich aufs Pferd nehmen, und jeder Ritter soll einen Knappen und zwei Junker haben; und ich will, daß ihr alle gut beritten seid. So rüsteten sie sich in großer Freude. Und das waren die Namen der Ritter: Sir Kay der Seneschall, Sir Agravaine, Sir Brandiles, Sir Sagramore le Desirous, Sir Dodinas le Savage, Sir Ozanna le Cure Hardy, Sir Ladinas vom Wilden Wald, Sir Persant von Indien, Sir Ironside, der der Ritter von den Roten Landen genannt wurde, und Sir Pelleas der Liebende; und diese zehn Ritter rüsteten sich in der fröhlichsten Art, mit der Königin auszureiten. Und so stiegen sie am nächsten Morgen mit der Königin zu Pferd und ritten zum Maien in Wäldern und Wiesen, wie ihnen behagte, in großer Lust und Fröhlichkeit; denn die Königin hatte bestimmt, spätestens um zehn Uhr wieder bei König Artus zu sein, und dies war zu der Zeit ihre Absicht. Da war aber ein Ritter, der hieß Meliagrance, und er war der Sohn des Königs Bagdemagus, und dieser Ritter hatte zu der Zeit eine Burg sieben Meilen von Westminster, die ihm König Artus verliehen hatte. Und dieser Ritter Sir Meliagrance liebte die Königin Guinever gar sehr, und das hatte er lange und seit vielen Jahren getan. Und das Buch sagt, er hatte auf der Lauer gelegen, um die Königin zu rauben, aber immer nahm er Abstand davon wegen Sir Launcelot; denn auf keine Weise wollte er sich mit der Königin einlassen, wenn Sir Launcelot in ihrer Gesellschaft wäre oder wenn er in ihrer Nähe wäre; und damals war es Brauch, daß die Königin nie ohne ein großes Gefolge von bewaffneten Männern ausritt, und es waren viele gute Ritter und meistens junge Männer, die auf Ehre aus waren; und sie hießen die Ritter der Königin; und nie in einem Kampf oder Turnier trugen sie kenntlich ihr eigenes Wappen an sich, sondern glatte weiße Schilde, und darum hießen sie die Ritter der Königin. Und wenn es vorkam, daß einige von ihnen durch edle Taten sich rühmlich hervortaten, dann wurden am nächsten Pfingstfest, wenn da einige erschlagen oder sonst gestorben waren, wie denn kein Jahr verging, in dem nicht einige gestorben waren, an ihrer Statt die rühmlichsten Männer unter denen, welche die Ritter der Königin hießen, gewählt. Und so waren alle zuerst, ehe sie berühmte Männer wurden, in die Höhe gekommen, sowohl Sir Launcelot wie alle übrigen. Aber dieser Ritter Sir Meliagrance hatte die Königin und ihr Vorhaben wohl erspäht und bemerkt, wie Sir Launcelot nicht bei ihr war und wie sie keine bewaffneten Männer bei sich hatte außer den zehn edlen Rittern, die alle zum Maien in Grün gekleidet waren. Da versah er sich mit zwanzig Bewaffneten und hundert Bogenschützen, um die Königin und ihre Ritter zu überfallen, denn er dachte, jetzt wäre die beste Zeit, die Königin zu entführen.

WIE SIR MELIAGRANCE DIE KÖNIGIN UND ALL IHRE RITTER GEFANGENNAHM, DIE IM KAMPF SCHWER VERWUNDET WURDEN

Als so die Königin und all ihre Ritter das Maifest gefeiert hatten, waren alle mit Blumen und Grün geschmückt und waren fröhlich und guter Dinge. Da kam aus einem Gehölz Sir Meliagrance mit hundertsechzig wohlgeharnischten Männern, die fertig zum Kampfe waren, und hießen die Königin und ihre Ritter stehen, denn sie sollten nicht weiter, ob sie wollten oder nicht; Verräterritter, sagte Königin Guinever, was hast du vor? Schämst du dich nicht? Besinne dich, wie du ein Königssohn und Ritter der Tafelrunde bist und wie du jetzt im Begriff stehst, über den edlen König, der dich zum Ritter gemacht hat, Schmach zu bringen; du schändest die ganze Ritterschaft und dich selbst; und mich, das sollst du wissen, wirst du nimmermehr schänden, denn lieber schneide ich mir den Hals ab, als daß du mich entehren sollst. Was all diese Rede angeht, sagte Sir Meliagrance, mag sie auf sich beruhen bleiben, aber Ihr sollt wissen, hohe Frau, ich habe Euch viele Jahre lang geliebt, und nie vor diesem Augenblick konnte ich Euch bei so guter Gelegenheit erlangen wie jetzt, und also will ich Euch nehmen, wie ich Euch finde. Da redeten die zehn Ritter alle auf einmal und sagten: Sir Meliagrance, vergesset nicht, Ihr steht im

Begriff, Eure Ehre zu gefährden, daß Unehre daraus wird, und ferner geht Ihr darauf aus, uns zu gefährden, obwohl wir nicht gewappnet sind. Ihr habt einen großen Vorteil über uns, denn es sieht so aus, daß Ihr auf uns gelauert habt; aber eher, als daß Ihr über die Königin und uns alle Schmach bringen sollt, wollen wir von unserm Leben scheiden, denn wenn wir uns anders hielten, träfe uns Schande für immer. Da sagte Sir Meliagrance: Wehrt euch, so gut ihr könnt, und hütet die Königin. Da zogen die zehn Ritter der Tafelrunde ihre Schwerter, und die andern rannten gegen sie mit ihren Lanzen, und die zehn Ritter hielten ihnen männlich stand und schlugen ihre Lanzen zur Seite, daß keine Lanze sie verwundete. Dann stießen sie mit Schwertern zusammen, und bald waren Sir Kay, Sir Sagramore, Sir Agravaine, Sir Dodinas, Sir Ladinas und Sir Ozanna mit argen Wunden zu Boden geworfen. Dann fochten Sir Brandiles, Sir Persant, Sir Ironside und Sir Pelleas lange, und sie wurden schwer verwundet, denn ehe die zehn Ritter zu Boden geworfen wurden, erschlugen sie vierzig von den kühnsten und besten Männern unter ihren Gegnern. Als so die Königin sah, wie ihre Ritter so schrecklich verwundet wurden und schließlich ohne Wahl erschlagen werden mußten, da rief sie aus Mitleid und Kummer Sir Meliagrance zu: Erschlage meine edlen Ritter nicht, und ich will unter der Bedingung mit dir gehn, daß du sie schonst und nicht mehr duldest, daß sie verwundet werden, und ferner, daß sie mit mir kommen, wohin immer du mich führst, denn ich will mich lieber töten, als daß ich mit dir gehe, ohne daß diese meine edlen Ritter dabei sind. Hohe Frau, sagte Meliagrance, um Euretwillen sollen sie mit Euch in meine Burg geführt werden, in die Ihr gebracht werdet, und sollen mit mir reiten. Da bat die Königin die vier Ritter, ihr Fechten einzustellen, und sie und die Ritter wollten sich nicht trennen. Hohe Frau, sagte Sir Pelleas, wir wollen tun, wie Ihr tut, denn was mich angeht, es kümmert mich nichts, ob ich lebe oder sterbe. Denn wie das französische Buch sagt, schlug Sir Pelleas an dem Ort solche Streiche, daß keine Rüstung ihm standhalten konnte.

WIE SIR LAUNCELOT KUNDE ERHIELT, DASS DIE KÖNIGIN GEFANGEN WAR, UND WIE SIR MELIAGRANCE BEWAFFNETE IN EINEN HINTERHALT LEGTE

Da stellten sie auf das Geheiß der Königin den Kampf ein und brachten die verwundeten Ritter auf die Pferde, die einen sitzend, die andern quer über den Sattel gelegt, daß es jämmerlich zu schauen war. Und dann befahl Sir Meliagrance der Königin und all ihren Rittern, niemand von ihrem ganzen Gefolge sollte sich von ihr trennen; denn sehr fürchtete er Sir Launcelot vom See, er könnte eine Nachricht erhalten. All das gewahrte die Königin, und heimlich rief sie einen Pagen zu sich, der ein flinkes Pferd hatte, und sagte zu ihm: Geh du, wenn der Augenblick günstig ist, und bring Sir Launcelot vom See diesen Ring und bitte ihn bei seiner Liebe, wenn er noch je Freude an mir haben will, mich aufzusuchen und mich zu retten; und schone dein Pferd nicht, sagte die Königin, weder im Wasser noch auf dem Land. So nahm der Page die Gelegenheit wahr und gab seinem Pferd rasch die Sporen und ritt fort, so schnell er konnte. Und als Sir Meliagrance ihn so dahinsprengen sah, merkte er, daß es auf Befehl der Königin geschah, um Sir Launcelot Botschaft zu senden. Da jagten etliche, die am besten beritten waren, hinter ihm her und schossen nach ihm, aber ihnen allen entkam der Page. Und da sagte Sir Meliagrance zur Königin: Hohe Frau, Ihr seid im Begriff, mich zu verraten, aber ich werde für Sir Launcelot sorgen, daß er nicht so leicht zu Euch kommen soll. Und dann ritten er und alle mit ihr, so schnell sie konnten, nach seiner Burg. Und unterwegs legte Sir Meliagrance die besten Bogenschützen, die er in seinem Lande finden konnte, dreißig an Zahl, in einen Hinterhalt, um auf Sir Launcelot zu lauern, und befahl ihnen, wenn sie einen Ritter der Art auf einem weißen Pferd des Weges kommen sähen, auf jede Weise sein Pferd zu töten, aber sich durchaus nicht mit ihm persönlich einzulassen, denn er ist zu gewaltig, um überwunden zu werden. So war dies veranstaltet, und sie waren zu seiner Burg gekommen, aber in keiner Weise duldete die Königin, daß einer der zehn Ritter oder eine von ihren Damen sich von ihr entfernte, sondern immer waren sie bei ihr; denn das Buch sagt, Sir Meliagrance wagte nicht, als Herr aufzutreten aus Furcht vor Sir Launcelot, indem er bestimmt glaubte, daß dieser Kunde erhalten hatte. Als so der Page von Sir Meliagrances Gefolge weg war, kam er nach einer Weile nach Westminster und fand gleich Sir Launcelot. Und als er seine Botschaft gesagt und ihm den Ring der Königin übergeben hatte, da sagte Sir Launcelot: Ach weh, sagte er, nun bin ich für immer in Schmach, wenn ich diese edle Dame nicht vor der Schande retten kann. Da verlangte er hitzig seine Rüstung; und inzwischen berichtete der Page Sir Launcelot, wie die zehn Ritter wunderbar gekämpft hatten, und wie Sir Pelleas und Sir Ironside und Sir Brandiles und Sir Persant von Indien gewaltig gefochten hatten, aber namentlich Sir Pelleas, daß ihm keiner widerstehen konnte; und wie sie alle gefochten hatten, bis sie schließlich zu Boden geworfen wurden und die Königin dann Bestimmungen traf, um ihr Leben zu retten und mit Sir Meliagrance zu gehen. Ach weh, sagte Sir Launcelot, über die sehr edle Dame, daß sie so zugrunde gehen soll; wenn ich gewappnet dort gewesen wäre, das wäre mir lieber als ganz Frankreich. Als so Sir Launcelot gewappnet und auf seinem Pferd war, bat er den Pagen der Königin, Sir Lavaine Mitteilung zu machen, wie er plötzlich fortgeritten war und aus welchem Grunde. Und bitte ihn, bei seiner Liebe zu mir, er solle hinter mir hereilen und nicht haltmachen, bis er zu der Burg kommt, wo Sir Meliagrance wohnt; denn dort, sagte Sir Launcelot, wird er von mir hören, wenn ich am Leben bin, und wir werden die Königin und die zehn Ritter, die er verräterisch ergriffen hat, retten, und das will ich an ihm und an allen, die es mit ihm halten, beweisen.

WIE SIR LAUNCELOTS PFERD GETÖTET WURDE UND WIE SIR LAUNCELOT IN EINEM KARREN FUHR, UM DIE KÖNIGIN ZU RETTEN

Da ritt Sir Launcelot, so schnell er konnte, und das Buch sagt, er trieb sein Pferd bei der Westminsterbrücke ins Wasser und ließ das Pferd über die Themse nach Lambeth schwimmen. Und dann kam er nach einer Weile zu dem nämlichen Platz, wo die zehn edlen Ritter mit Sir Meliagrance gekämpft hatten. Und dann folgte Sir Launcelot der Spur, bis er zu einem Wald kam, und da war ein gerader Weg, und da riefen die dreißig Bogenschützen Sir Launcelot zu, er solle wieder umkehren und dieser Spur nicht länger folgen. Was für einen Befehl habt ihr hierzu, sagte Sir Launcelot, mich, der ich ein Ritter der Tafelrunde bin, zu heißen, von meinem Wege zu weichen? Von diesem Weg sollst du weichen, oder aber du sollst auf ihm zu Fuß gehen, denn wisse nur, dein Pferd wird erschossen werden. Das ist kein Meisterwerk, sagte Sir Launcelot, mein Pferd zu erschießen; aber, was mich angeht, wenn mein Pferd getötet ist, gebe ich nicht viel auf euch, und wenn es noch fünfhundert mehr wären als ihr. So schossen sie denn auf Sir Launcelots

Pferd und trafen es mit vielen Pfeilen; und da machte sich Sir Launcelot von seinem Pferd frei und ging zu Fuß; aber es waren so viele Gräben und Hecken zwischen ihnen und ihm, daß er mit keinem von ihnen kämpfen konnte. Pfui der Schande, sagte Launcelot, daß je ein Ritter einen andern verraten soll; aber es ist ein altes Sprichwort, ein tüchtiger Mann ist immer nur in Gefahr, wenn er mit einem Feigling zu tun bekommt. Dann ging Sir Launcelot eine Weile dahin, und da behinderte ihn gar sehr seine Rüstung, sein Schild und seine Lanze und alles, was er bei sich trug. Wisset nur, das ermüdete ihn sehr, und doch tat es ihm sehr leid, etwas von dem abzutun, womit er gerüstet war, denn er fürchtete sehr Sir Meliagrances Verrat. Da kam ihm zum Glück ein Wagen entgegen, der des Weges fuhr, um Holz zu holen. Sag mir, Fuhrmann, sagte Sir Launcelot, was soll ich dir geben, daß du mir erlaubst, auf deinen Wagen zu steigen, damit du mich nach einer Burg bringst, die zwei Meilen von hier entfernt ist? Du wirst nicht auf meinen Wagen kommen, sagte der Fuhrmann, denn ich bin ausgeschickt, um Holz für meinen Herrn Sir Meliagrance zu holen. Mit dem habe ich zu sprechen. Du sollst nicht mit mir kommen, sagte der Fuhrmann. Da lief Sir Launcelot zu ihm und schlug ihm einen solchen Streich, daß er tot zu Boden fiel. Da bekam der andere Fuhrmann, sein Genosse, Angst und fürchtete, es sollte ihm ebenso gehen, und da schrie er: Edler Herr, schont mein Leben, und ich bringe Euch, wohin Ihr wollt. Dann befehle ich dir, sagte Sir Launcelot, daß du mich und diesen Wagen gerade vor Sir Meliagrances Tor fährst. Springt auf den Wagen, sagte der Fuhrmann, und Ihr sollt bald dort sein. So fuhr der Fuhrmann im Galopp dahin, und Sir Launcelots Pferd folgte dem Wagen, mit mehr als vierzig breiten und scharfen Pfeilen, die in ihm staken. Und mehr als anderthalb Stunden wartete Dame Guinever mit ihren Frauen an einem Erkerfenster und gewahrte einen gewappneten Ritter, der in einem Wagen stand. Seht, hohe Frau, sagte eine Dame, dort fährt ein stattlich gewappneter Ritter in einem Wagen; ich vermute, er wird zum Hängen gefahren. Wo? fragte die Königin. Da gewahrte sie an seinem Schild, daß er selbst dort war, Sir Launcelot vom See. Und dann gewahrte sie, wie sein Pferd immer hinter dem Wagen herlief, und immer trat es seine Eingeweide mit seinen Füßen. Ach weh, sagte die Königin, nun sehe ich wohl und darf glauben, daß dem wohl ist, der einen treuen Freund hat. Ha ha, hochedler Ritter, sagte Königin Guinever, ich sehe wohl, dir ist arg zugesetzt worden, wenn du in einem Karren fährst. Dann tadelte sie die Dame, die von Sir Launcelot gesprochen hatte, als ob er in einem Henkerkarren führe. Du hast einen bösen Mund, sagte die Königin, und einen schlimmen Einfall, daß du bei dem edelsten Ritter der Welt an einen so schmachvollen Tod gedacht hast. O Jesus, schütze ihn und bewahre ihn, sagte die Königin, vor jeglichem unseligen Ende. Währenddem war Sir Launcelot zu den Toren dieser Burg gekommen, und da stieg er ab und schrie, daß die ganze Burg davon dröhnte: Wo bist du, falscher Verräter Sir Meliagrance und Ritter der Tafelrunde? Komm hervor, du Verräterritter, du und deine Schar mit dir; denn hier bin ich, Sir Launcelot vom See, der mit dir kämpfen wird. Und damit warf er das Tor weit auf, daß es auf den Pförtner fiel, und schlug ihn mit seinem Handschuh unter das Ohr, daß ihm das Genick entzweibrach.

WIE SIR MELIAGRANCE DIE KÖNIGIN UM VERZEIHUNG BAT, UND WIE SIE SIR LAUNCELOT BESÄNFTIGTE, UND VON ANDERN DINGEN

Als Sir Meliagrance hörte, Sir Launcelot wäre da, rannte er zu Königin Guinever und fiel auf die Knie und sagte: Vergebung, hohe Frau, nun vertraue ich mich völlig Eurer Gnade an. Wie steht es jetzt mit Euch, sagte Königin Guinever; wahrlich, ich konnte wohl wissen, daß ein guter Ritter meine Rache übernehmen würde, obwohl Artus, mein Gemahl, von diesem Euren Werk nichts wußte. Hohe Frau, sagte Sir Meliagrance, alles, was von meiner Seite verfehlt wurde, soll gutgemacht werden, wie Ihr selbst beschließet, und ich stelle mich völlig unter Eure Gnade. Was wollt Ihr, daß ich tun soll? fragte die Königin. Ich will nichts weiter, sagte Meliagrance, als daß Ihr alles in Eure Hände nehmt, und daß Ihr auf den hohen Herrn Sir Launcelot wirket; und die Aufnahme, die diese arme Burg irgend leisten kann, sollt Ihr und er bis morgen finden, und dann mögt Ihr mit ihnen allen nach Westminster zurückkehren; und ich und alles, was ich habe, soll Euch ganz zur Verfügung stehen. Ihr sprecht gut, sagte die Königin, und Frieden ist immer besser als Krieg, und je weniger Lärm entsteht, um so besser ist es für meine Ehre. Dann gingen die Königin und ihre Damen zu dem Ritter Sir Launcelot hinunter, der über die Maßen wütend auf dem inneren Hof stand, da auf den Kampf zu warten, und immer schrie er: Du Verräterritter, komm heraus! Da kam die Königin zu ihm und sagte: Sir Launcelot, warum seid Ihr so erregt? Ha, hohe Frau, sagte Sir Launcelot, warum fragt Ihr mich das? Mich dünkt, sagte Sir Launcelot, Ihr solltet zorniger sein als ich, denn Ihr habt den Schaden und die Unehre, denn wisset wohl, hohe

Frau, mein Schaden, daß der Sohn eines Rosses getötet worden ist, ist nur gering, aber der Tort kränkt mich mehr als mein ganzer Schaden. Wahrlich, sagte die Königin, Ihr sprecht die Wahrheit; aber ich danke Euch herzlich, sagte die Königin, denn Ihr müßt friedlich mit mir hereinkommen, es ist alles in meine Hand gegeben und alles, was schlimm ist, soll zum Besten gewandt werden, denn der Ritter bereut das Mißgeschick sehr, das über ihn gekommen ist. Hohe Frau, sagte Sir Launcelot, wenn es so ist, daß Ihr Euch mit ihm vertragen habt, kann ich für meine Person nicht dagegen sein, obwohl Sir Meliagrance gegen mich sehr schmählich und feige gehandelt hat. Ah, hohe Frau, sagte Sir Launcelot, wenn ich gewußt hätte, daß Ihr Euch so schnell mit ihm vertragt, hätte ich nicht solche Eile um Euch gehabt. Warum redet Ihr so, sagte die Königin, tun Euch Eure guten Taten leid? Ihr müßt wissen, sagte die Königin, ich habe mich nicht aus Gunst oder Liebe, die ich zu ihm hegte, mit ihm vertragen, sondern um jedes schmähliche Gerücht zu unterdrücken. Hohe Frau, sagte Sir Launcelot, Ihr wisset gar wohl, daß ich nie Lust oder Vergnügen an schmählichem Gerücht oder Gerede hatte; und es lebt kein König, keine Königin und kein Ritter, außer meinem Herrn König Artus und Euch, hohe Frau, der mich hindern dürfte, Sir Meliagrance kalt zu machen, ehe ich von hier gehe. Das weiß ich wohl, sagte die Königin, aber, was wollt Ihr weiter? Ihr sollt alles geordnet haben, wie Ihr es wünschet. Hohe Frau, sagte Sir Launcelot, wenn Ihr zufriedengestellt seid, ist keine Not; mich für mein Teil werdet Ihr bald zufriedenstellen. Damit nahm die Königin Sir Launcelot an der bloßen Hand, denn er hatte seinen Handschuh ausgezogen, und so ging sie mit ihm in ihr Gemach; und da befahl sie, daß ihm die Rüstung abgenommen würde. Und dann fragte Sir Launcelot, wo die zehn Ritter wären, die schwer verwundet worden waren; so zeigte sie diese Sir

Launcelot, und da hatten sie große Freude über sein Kommen, und Sir Launcelot klagte sehr über ihre Verwundung und bedauerte sie sehr. Und dann erzählte Sir Launcelot ihnen, wie feige und verräterisch Meliagrance Bogenschützen in den Hinterhalt gelegt hatte, um sein Pferd zu erschießen, und wie froh er gewesen war, daß er sich auf einen Karren stellen konnte. So klagten sie einander ihr Leid; und gar gern hätten sie ihre Rache genommen, aber sie besänftigten sich mit Rücksicht auf die Königin. Von da an wurde Sir Launcelot, wie das französische Buch sagt, lange Zeit nachher der Ritter vom Karren genannt und tat viele Taten und bestand große Abenteuer. Und so lassen wir diese Geschichte vom Karrenritter und wenden uns zu dieser Geschichte. So hatte Sir Launcelot einen frohen Empfang bei der Königin, und da verabredete Sir Launcelot mit der Königin, daß Sir Launcelot in dieser Nacht an ein Fenster kommen sollte, das in einen Garten hinaus ging; und dieses Fenster war mit Eisenstäben vergittert, und dort verabredete Sir Launcelot, mit ihr zusammenzukommen, wenn alle andern schliefen. So kam denn Sir Lavaine an die Tore geritten und schrie: Wo ist der hohe Herr Sir Launcelot vom See? Da wurde nach ihm geschickt, und als Sir Lavaine Sir Launcelot sah, sagte er: Hoher Herr, ich habe die Spuren gesehen, wie hart Euch zugesetzt worden ist, denn ich habe Euer Pferd gefunden, das mit Pfeilen erschossen worden ist. Was das angeht, sagte Sir Launcelot, bitte ich Euch, Sir Lavaine, sprecht von andern Dingen und laßt das auf sich beruhen, wir werden es ein andermal, wenn gute Gelegenheit ist, in Ordnung bringen.

WIE SIR LAUNCELOT IN DER NACHT ZUR KÖNIGIN KAM UND BEI IHR LAG, UND WIE SIR MELIAGRANCE DIE KÖNIGIN DES VERRATS BESCHULDIGTE

Dann wurden die verwundeten Ritter untersucht, und es wurden lindernde Salben auf ihre Wunden getan; und so kam die Abendmahlzeit heran, und die Königin und ihre Ritter wurden aufs beste bewirtet. Als dann die Zeit gekommen war, gingen sie in ihre Zimmer, aber in keiner Weise wollte die Königin zulassen, daß die verwundeten Ritter von ihr entfernt würden, sondern daß sie in Kammern bei ihrem Gemach auf Betten und Kissen gelegt wurden, damit sie selbst nach ihnen sehen konnte, ob ihnen nichts fehlte. Als so Sir Launcelot in seinem Zimmer war, das für ihn bestimmt war, rief er Sir Lavaine zu sich und sagte ihm, in dieser Nacht müßte er seine Dame, Frau Guinever, aufsuchen. Herr, sagte Sir Lavaine, laßt mich mit Euch gehen, wenn es Euch recht ist, denn ich fürchte sehr Sir Meliagrances Verrat. Nein, sagte Sir Launcelot, ich danke Euch, aber ich will niemanden bei mir haben. Dann nahm Sir Launcelot sein Schwert zur Hand und ging heimlich zu einem Ort, wo er vorher eine Leiter bemerkt hatte, und die nahm er unter den Arm und trug sie durch den Garten und legte sie an das Fenster, und da war die Königin gleich bereit, ihn zu treffen. Und dann klagten sie einander mancherlei, und da wünschte Sir Launcelot, er dürfte zu ihr hineinkommen. Ihr dürft glauben, sagte die Königin, ich wollte so gut wie Ihr, daß Ihr zu mir hereinkommen könntet. Wollt Ihr von Herzen, hohe Frau, sagte Sir Launcelot, daß ich bei Euch wäre? Ja, wahrlich, sagte die Königin. Nun will ich aus Liebe zu Euch, sagte Sir Launcelot, meine Stärke erproben; und dann legte er seine Hände an die Eisenstangen, und er zog mit solcher Gewalt an ihnen, daß er sie völlig aus den

Mauersteinen herauszog, und dabei zerschnitt ihm eine der Eisenstangen das Fleisch seiner Hände bis auf die Knochen; und dann sprang er zur Königin ins Zimmer. Macht keinen Lärm, sagte die Königin, denn meine verwundeten Ritter liegen hier ganz in der Nähe. So, um es kurz zu machen, ging Sir Launcelot mit der Königin zu Bett und achtete nicht auf seine verwundete Hand, sondern genoß seine Freuden, bis der Tag graute; und ihr sollt wissen, er schlief nicht, sondern wachte, und als er merkte, daß es Zeit war und er nicht länger säumen konnte, nahm er seinen Abschied und stieg zum Fenster hinaus und setzte es wieder zusammen, so gut er konnte, und ging so in sein eigenes Zimmer; und da erzählte er Sir Lavaine, wie er sich verwundet hatte. Da nahm Sir Lavaine seine Hand und stillte das Blut und zog einen Handschuh darüber, daß niemand die Wunde gewahren sollte; und so lag die Königin lange in ihrem Bett, bis es neun Uhr war. Da ging Sir Meliagrance ins Gemach der Königin und fand ihre Damen da fertig angekleidet. Jesus erbarme sich, sagte Sir Meliagrance, was fehlt Euch, hohe Frau, daß Ihr so lange schlafet? Und damit schlug er den Vorhang zurück, um nach ihr zu sehen; und da sah er sie liegen, und alles Linnen und Kissen waren von dem Blut Sir Launcelots und seiner verwundeten Hand voller Blut. Als Sir Meliagrance dieses Blut sah, da argwöhnte er, sie wäre dem König treulos, und einer der verwundeten Ritter hätte in der Nacht bei ihr gelegen. Ah, hohe Frau, sagte Sir Meliagrance, jetzt habe ich herausgebracht, daß Ihr eine treulose Verräterin gegen Herrn Artus seid; denn jetzt kann ich beweisen, Ihr hattet guten Grund, daß Ihr diese verwundeten Ritter neben Euer Gemach gelegt habt; darum will ich Euch vor meinem Herrn, König Artus, des Verrats bezichtigen. Und nun habe ich Euch einer schmachvollen Tat überwiesen; und daß sie alle oder einige von ihnen Verräter sind, dafür stehe ich ein, denn ein verwundeter

Ritter hat heute nacht bei Euch gelegen. Das ist falsch, sagte die Königin, und dafür berufe ich mich auf sie alle. Als denn die zehn Ritter Sir Meliagrances Worte hörten, sprachen sie alle einstimmig und sagten zu Sir Meliagrance: Du sprichst falsch, und zu Unrecht wirfst du uns eine solche Tat vor, und dafür wollen einige von uns einstehen; wähle dir welche von uns, wenn wir von unsern Wunden geheilt sind. Das braucht es nicht, sagte Sir Meliagrance, weg mit eurer stolzen Sprache, denn hier könnt ihr alle sehen, sagte Sir Meliagrance, daß bei der Königin heute nacht ein verwundeter Ritter gelegen hat. Da waren sie alle beschämt, als sie dieses Blut sahen; und ihr dürft glauben, Sir Meliagrance war sehr froh, daß er über die Königin solch einen Vorteil hatte, denn er gedachte dadurch seinen eigenen Verrat zu verhüllen. Über diesen Lärm kam Sir Launcelot herein und fand sie alle in großem Aufruhr.

WIE SIR LAUNCELOT FÜR DIE KÖNIGIN ANTWORTETE UND ES UNTERNAHM, GEGEN SIR MELIAGRANCE ZU KÄMPFEN, UND WIE SIR LAUNCELOT IN EINER FALLE GEFANGEN WURDE

Was für ein Aufruhr ist das? fragte Sir Launcelot. Da berichtete Ihm Sir Meliagrance, was er gefunden hatte, und zeigte ihm das Bett der Königin. Wahrlich, sagte Sir Launcelot, Ihr habt Euch nicht benommen, wie es einem Ritter gebührt, daß Ihr das Bett einer Königin berührt habt, während es zugezogen war und sie darin lag; denn wahrlich, nicht einmal der hohe Herr Artus würde die Vorhänge zurückziehen, wenn sie in ihrem Bette liegt, außer es beliebte ihm, sich bei ihr niederzulegen; und also habt Ihr Euch unritterlich benommen und Schande über Euch selbst gebracht. Ich weiß nicht, was Ihr meint, sagte Sir Meliagrance, aber ich bin sicher, da hat einer ihrer verwundeten Ritter heute nacht bei ihr gelegen, und also will ich mit meinen Händen beweisen, daß sie eine Verräterin gegen Herrn Artus ist. Seht Euch vor, was Ihr tut, sagte Launcelot, denn wenn Ihr das sagt und Ihr es beweisen wollt, wird es in Eure Hände gelegt werden. Hoher Herr Sir Launcelot, sagte Sir Meliagrance, ich rate Euch, seht Euch vor, was Ihr tut; denn wenn Ihr ein noch so guter Ritter seid, wie Ihr wohl wißt, daß Ihr berühmt seid als der beste Ritter der Welt, solltet Ihr Euch doch hüten, in einem schlechten Streit zu kämpfen, denn Gott behält sich in jedem Kampf einen Streich vor. Was das angeht, sagte Sir Launcelot, Gott ist zu fürchten; aber frei und offen trete ich dafür ein, daß heute nacht keiner dieser zehn verwundeten Ritter bei der hohen Frau Königin Guinever gelegen ist, und das will ich mit meinen Händen beweisen, daß Ihr sie darin zu Unrecht beschuldigt. Wohlan, sagte Sir Meliagrance, hier ist mein Handschuh, daß sie eine Verräterin gegen den hohen Herrn König Artus ist, und daß heute nacht einer der verwundeten Ritter bei ihr gelegen ist. Und ich nehme Euren Handschuh auf, sagte Sir Launcelot. Und so wurden ihre Siegel daran angebracht, und die Handschuhe wurden den zehn Rittern übergeben. Auf welchen Tag sollen wir zusammen kämpfen? fragte Sir Launcelot. Heute über acht Tage, sagte Sir Meliagrance, auf dem Feld bei Westminster. Es ist mir recht, sagte Sir Launcelot. Aber nun, sagte Sir Meliagrance, da es so ist, daß wir miteinander kämpfen müssen, bitte ich Euch, so wahr Ihr ein edler Ritter seid, lauert in der Zwischenzeit mir nicht mit Verrat oder Hinterhalt auf, und auch keiner an Eurer Stelle. So wahr mir Gott helfe, sagte Sir Launcelot, Ihr solltet wohl wissen, daß ich nie so einer war, denn ich berufe mich auf alle Ritter, die mich je gekannt haben, mit Verrat habe ich nie zu tun gehabt und habe nie die Gesellschaft eines Mannes geliebt, der Verrat gesponnen hat. Dann laßt uns zu Tisch gehn, sagte Meliagrance, und nach dem Essen mögt Ihr und die Königin und ihr alle nach Westminster reiten. Es ist recht, sagte Sir Launcelot. Da sagte Sir Meliagrance zu Sir Launcelot: Beliebt es Euch, die Räume der Burg zu besichtigen? Recht gern, sagte Sir Launcelot. Und dann gingen sie zusammen von Zimmer zu Zimmer, denn Sir Launcelot fürchtete keine Gefahren; denn ein Mann von Ehre und Tapferkeit ist am wenigsten geneigt, immer Gefahren zu fürchten, denn sie meinen, alle Welt sei so, wie sie sind; aber wer Verrat spinnt, bringt einen Mann oft in große Gefahr. So ging es Sir Launcelot, der keine Gefahr fürchtete, und als er mit Sir Meliagrance durch die Räume der Burg ging, trat er auf eine Falle, und das Brett wich unter ihm, und da fiel Sir Launcelot mehr als zehn Klafter tief in einen Keller, der voller Stroh lag; und dann ging Sir Meliagrance seines Weges und sah nicht im geringsten besorgt aus, als ob er nicht wüßte, wo er wäre. Und als Sir Launcelot so vermißt wurde, wunderten sie sich, wo er hingekommen wäre; und da meinten die Königin und viele von ihnen, er wäre, wie es seine Gewohnheit war, plötzlich fortgeritten. Denn Sir Meliagrance veranstaltete, daß Sir Lavaines Pferd schnell weggebracht wurde, so daß sie alle glauben konnten, Sir Launcelot hätte sich plötzlich entfernt. So ging es bis nach dem Essen; und da gab Sir Lavaine keine Ruhe, bis er Sänften für die verwundeten Ritter bringen ließ, daß sie hineingelegt werden konnten; und so begaben sich die Königin und sie alle, Damen, Edelfräulein und andere, nach Westminster; und da berichteten die Ritter König Artus, wie Meliagrance die Königin des Hochverrats bezichtigt hatte, und wie Sir Launcelot seinen Handschuh aufgenommen hatte. Und heute über acht Tage sollen sie vor Euch den Kampf ausfechten. Bei meinem Kopf, sagte König Artus, ich fürchte, Sir Meliagrance hat eine schwere Aufgabe übernommen; aber wo ist Sir Launcelot? fragte der König.

Herr, sagten sie alle, wir wissen nicht, wo er ist, aber wir meinen, er ist auf Abenteuer ausgeritten, wie er oft getan hat, denn er hat Sir Lavaines Pferd. Laßt gut sein, sagte der König, er wird gefunden werden, wenn er nicht durch Verrat gefangen worden ist.

WIE SIR LAUNCELOT VON EINER DAME AUS DEM GEFÄNGNIS BEFREIT WURDE UND EIN WEISSES SCHLACHTROSS BESTIEG UND HERBEIKAM, UM SEINEN TERMIN ZU WAHREN

So lag Sir Launcelot in diesem Keller in großen Nöten; und jeden Tag kam eine Dame und brachte ihm sein Essen und Trinken und begehrte, bei ihm zu liegen; und immer lehnte es der edle Ritter Sir Launcelot ab. Sir Launcelot, sagte sie, Ihr seid nicht klug, denn Ihr kommt nie aus diesem Gefängnis, wenn Ihr meine Hilfe nicht habt; und ebenso wird Eure Herrin, Königin Guinever, durch Eure Schuld verbrannt werden, wenn Ihr am Tage des Kampfes nicht dort seid. Verhüte Gott, sagte Sir Launcelot, daß sie durch meine Schuld verbrannt werden sollte; und wenn ich wirklich, sagte Sir Launcelot, nicht dort sein könnte, wird es wohl verstanden werden, vom König und der Königin und allen ehrenhaften Männern, daß ich tot, krank oder gefangen bin. Denn alle Männer, die mich kennen, werden für mich sagen, daß ich irgend im Unglück sein muß, wenn ich an dem Tag nicht dort bin; und ich weiß wohl, da ist ein guter Ritter, entweder aus meinem Blut oder ein anderer, der mich liebt, der meinen Streit übernehmen wird; und also, sagte Sir Launcelot, verlaßt Euch darauf, Ihr werdet mich nicht schrecken; und wenn es im ganzen Lande keine andern Frauen gäbe als Euch, ich will nichts mit Euch zu tun haben. Dann seid Ihr in Schmach, sagte die Dame, und für immer vernichtet. Was die Schmach der Welt angeht, so stehe mir Jesus bei, und was mein Unglück angeht, sei es in jeder Gestalt, die Gott mir schickt, willkommen. So kam sie an dem Tag, an dem der Kampf stattfinden sollte, zu ihm und sagte: Sir Launcelot, mich dünkt, Ihr seid zu hartherzig; aber wolltest du mich nur ein einziges Mal küssen, würde ich dich befreien und dir deine Rüstung und das beste Pferd verschaffen, das in Sir Meliagrances Stall steht. Von wegen Euch küssen, sagte Sir Launcelot, das kann ich tun und büße keine Ehre ein; und verlaßt Euch darauf, wenn ich dächte, es wäre unehrenhaft, Euch zu küssen, würde ich es nicht tun. Dann küßte er sie, und dann nahm sie ihn heraus und führte ihn zu seiner Rüstung. Und als er gewappnet war, führte sie ihn in einen Stall, wo zwölf gute Schlachtrosse standen, und hieß ihn das beste wählen. Da warf Sir Launcelot sein Auge auf ein weißes Schlachtroß, das ihm am besten gefiel; und flugs befahl er den Stallburschen, dem Pferd eiligst den besten Kriegssattel aufzulegen, der da war; und so geschah es, wie er befahl. Dann nahm er seine Lanze zur Hand und sein Schwert zur Seite und befahl die Dame Gott und sagte: Dame, für diese gute Tat werde ich Euch Dienst leisten, wenn es je in meiner Macht steht.

WIE SIR AGRAVAINE UND SIR MORDRED SIR GAWAIN IN DEN OHREN LAGEN, UM DIE LIEBE ZWISCHEN SIR LAUNCELOT UND KÖNIGIN GUINEVER ZU ENTHÜLLEN

Im Mai, wo jedes fröhliche Herz knospet und blüht, denn wie die Jahreszeit froh zu schauen und erquicklich ist, so freuen sich Mann und Weib und sind des kommenden Sommers froh mit seinen frischen Blumen, denn der Winter mit seinem rauhen Wehen und Stürmen bringt frohen Mann und Weib dazu, hinter dem Ofen zu hocken und festzusitzen: eben in dieser Zeit, im Monat Mai, geschah ein großes Ärgernis und Unglück, das nicht innehielt, bis die Blüte der Ritterschaft der ganzen Welt vernichtet und erschlagen war; und an allem waren zwei unselige Ritter schuld, und sie hießen Agravaine und Sir Mordred und waren Brüder Sir Gawains. Denn dieser Sir Agravaine und Sir Mordred hatten immer einen heimlichen Haß gegen die Königin, Dame Guinever, und gegen Sir Launcelot, und täglich und nächtlich lauerten sie immer Sir Launcelot auf. So geschah das Unheil, Sir Gawain und all seine Brüder waren in König Artus' Gemach; und da sagte Sir Agravaine dergestalt öffentlich und in keinem geheimen Rat, daß viele Ritter es hören konnten: Ich wundere mich, daß wir alle uns nicht schämen, wo wir sehen und wissen, wie Sir Launcelot täglich und nächtlich bei der Königin liegt, und wir alle wissen es; und es wird schmählich von uns allen geduldet, daß ein so edler König wie König Artus so entehrt wird. Da sprach Sir Gawain und sagte: Bruder Sir Agravaine, ich bitte Euch und gebiete Euch, keine solche Sachen mehr vor mir zu berühren, denn, merkt es Euch, sagte Sir Gawain, ich will nicht in Eurem Rate sein. So wahr mir Gott helfe, sagten Sir Gaheris und Sir Gareth, wir wollen von Euren Taten, Bruder Agravaine, nichts wissen. Dann will ich, sagte Sir Mordred. Das will ich meinen, sagte Sir Gawain, denn bei allem Unheil, Bruder Sir Mordred, werdet Ihr immer dabei sein wollen; und ich wollte, daß Ihr all das ließet und nicht so geschäftig wäret, denn ich weiß, sagte Sir Gawain, was daraus kommen wird. Mag daraus kommen, was will, sagte Sir Agravaine; ich will es dem König enthüllen. Nicht mit meiner Zustimmung, sagte Sir Gawain, denn wenn daraus Krieg und Fehde zwischen Sir Launcelot und uns entsteht, dann werden es, verlaßt Euch darauf, Bruder, viele Könige und große Herren mit Sir Launcelot halten. Auch müßt Ihr, Bruder Sir Agravaine, sagte Sir Gawain, daran denken, wie oftmals

Sir Launcelot den König und die Königin gerettet hat; und die Besten von uns allen wären gar kalt bis in Herzensgrund, wenn nicht Sir Launcelot besser gewesen wäre als wir, und das hat er wahrlich oft bewiesen. Und was mich angeht, sagte Sir Gawain, ich werde um der Tat eines Tages willen nie gegen Sir Launcelot sein, denn damals hat er mich vor König Carados von der Schmerzhaften Burg errettet und hat ihn erschlagen und mir das Leben gerettet. Und auch euch, Bruder Sir Agravaine und Sir Mordred, hat Sir Launcelot in gleicher Weise gerettet und eine große Schar andere dabei, vor Sir Turquine. Mich dünkt, Bruder, solche Freundestaten und Freundschaft dürften nicht vergessen werden. Tut, was Ihr wollt, sagte Sir Agravaine, denn ich will es nicht länger verhehlen. Bei diesen Worten kam König Artus zu ihnen. Nun, Bruder, hört mit Eurem Geschwätz auf, sagte Sir Gawain. Wir wollen nicht, sagten Sir Agravaine und Sir Mordred. Wollt ihr das? sagte Sir Gawain; dann Gott befohlen, denn ich will eure Geschichten nicht hören und nicht in eurem Rate sein. Und ich auch nicht, sagten Sir Gareth und Sir Gaheris, denn wir wollen nie Schlechtes von diesem Manne sagen; weil Sir Launcelot, sagte Sir Gareth, mich zum Ritter gemacht hat, kommt es mir keinesfalls zu, ihn schlecht zu machen: und damit gingen die drei fort und klagten sehr. Ach weh, sagten Sir Gawain und Sir Gareth, nun ist das große Unheil über dieses Reich gekommen, und die edle Genossenschaft der Tafelrunde wird zersprengt werden; so schieden sie.

WIE SIR AGRAVAINE IHRE LIEBE KÖNIG ARTUS ENTHÜLLTE, UND WIE KÖNIG ARTUS IHNEN ERLAUBNIS GAB, IHN ZU ERGREIFEN

Und da fragte Sir Artus sie, was denn los wäre. Hoher Herr, sagte Agravaine, ich werde Euch berichten, was ich nicht länger bei mir behalten kann. Hier bin ich und mein Bruder Sir Mordred, und wir klagten meinen Brüdern Sir Gawain, Sir Gaheris und Sir Gareth, wie wir das alle wissen, daß Sir Launcelot mit Eurer Königin umgeht und es seit langem getan hat; und wir sind Eurer Schwester Kinder, und wir können es nicht länger dulden, und wir wissen alle, daß Ihr über Sir Launcelot stehen solltet; und Ihr seid der König, der ihn zum Ritter gemacht hat, und also wollen wir beweisen, daß er ein Verräter gegen Eure Person ist. Wenn es so ist, sagte Sir Artus, dann wisset wohl, ist er nichts anderes, aber es täte mir leid, solch eine Sache anzufangen, ohne daß ich Beweise dafür habe; denn Sir Launcelot ist ein kühner Ritter, und ihr alle wißt, er ist der beste Ritter unter uns allen; und wenn er nicht auf frischer Tat gefangen wird, wird der mit ihm kämpfen müssen, der das Gerede aufbringt, und ich weiß keinen Ritter, der imstande wäre, es mit ihm aufzunehmen. Darum, wenn es sich so verhalten sollte, wie ihr sagt, dann wollte ich, er würde auf frischer Tat gefangen. Denn wie das französische Buch sagt, war der König sehr aufgebracht darüber, daß ein Gerede über Sir Launcelot und seine Königin ging; denn der König hatte wohl eine Vermutung, aber er wollte nichts davon wissen, denn Sir Launcelot hatte so häufig für ihn und die Königin so viel getan, daß der König, ihr mögt es glauben, ihn über die Maßen liebte. Herr, sagte Sir Agravaine, Ihr werdet morgen auf die Jagd reiten, und zweifelt nicht daran, Sir Launcelot wird nicht mit Euch gehen. Dann, wenn es zur Nacht geht, mögt Ihr der Königin Botschaft senden, daß Ihr die Nacht außer dem Hause verbringt, und Ihr schickt nach Euren Köchen, und dann werden wir ihn bei Todesstrafe in dieser Nacht bei der Königin ertappen und ihn tot oder lebendig zu Euch bringen. Ich willige drein, sagte der König; nun rate ich euch, nehmt sichere Gefolgschaft mit euch. Herr, sagte Agravaine, mein Bruder Sir Mordred und ich wollen zwölf Ritter der Tafelrunde mit uns nehmen. Hütet euch, sagte König Artus, denn ich warne euch vor seiner Tapferkeit. Laßt uns gewähren, sagten Sir Agravaine und Sir Mordred. So ritt König Artus am Morgen auf die Jagd und ließ der Königin sagen, daß er die Nacht außerhalb verbringen würde. Dann nahmen Sir Agravaine und Sir Mordred zwölf Ritter mit sich und verbargen sich in einem Gemach in der Burg Carlisle, und dies waren ihre Namen: Sir Colgrevance, Sir Mador de la Porte, Sir Gingaline, Sir Meliot von Logris, Sir Petipase von Winchelsea, Sir Galleron von Galway, Sir Melion vom Berge, Sir Astamore, Sir Gromore Somir Joure, Sir Curselaine, Sir Florence, Sir Lovel. So waren also diese zwölf Ritter in Sir Mordreds und Sir Agravaines Gefolgschaft, und sie alle waren aus Schottland und entweder von Sir Gawains Sippe oder seinen Brüdern treu und ergeben. Als nun die Nacht kam, sagte Sir Launcelot zu Sir Bors, wie er in der Nacht zur Königin gehen und mit ihr sprechen wolle. Herr, sagte Sir Bors, ich rate Euch, geht nicht in dieser Nacht. Warum? sagte Sir Launcelot. Herr, sagte Sir Bors, ich traue Sir Agravaine nicht, der täglich auf Euch lauert, um Euch und uns allen Schande anzutun; und nie noch war mein Herz so dagegen, daß Ihr zur Königin gehen solltet, als gerade diesmal; denn ich fürchte, daß der König sich darum heute nacht fortbegeben hat, weil er Euch und der Königin durch jemanden auflauern läßt, und daher fürchte ich argen Verrat. Habt keine Furcht, sagte Sir

Launcelot, denn ich will nur gehn und wiederkommen und mich nicht aufhalten. Herr, sagte Sir Bors, das ist mir leid, denn ich fürchte sehr, es wird uns allen Unheil bringen, wenn Ihr heute nacht hingeht. Lieber Neffe, sagte Sir Launcelot, ich wundere mich, daß Ihr so sprecht, da doch die Königin nach mir gesandt hat; und du sollst wissen, ich werde kein so großer Feigling sein, sondern sie soll erfahren, daß ich dem Ruf ihrer Gnade folgen will. Gott mit Euch, sagte Sir Bors, und er lasse Euch gesund und heil wiederkehren.

WIE SIR LAUNCELOT IN DEM ZIMMER DER KÖNIGIN BETROFFEN WURDE, UND WIE SIR AGRAVAINE UND SIR MORDRED MIT ZWÖLF RITTERN KAMEN, UM IHN ZU ERSCHLAGEN

So machte sich Sir Launcelot auf und nahm sein Schwert unter den Arm und begab sich so, nur in seinem Mantel, in große Gefahr; und ging so, bis er an das Gemach der Königin kam, und dann wurde Sir Launcelot schnell hereingelassen. Und dann waren Sir Launcelot und die Königin, wie das französische Buch sagt, beisammen. Und ob sie zu Bett waren oder sich sonstwie vergnügten, will ich nicht weiter erwähnen, denn die Liebe war zu jener Zeit nicht, wie sie heutzutage ist. Doch wie sie so beisammen waren, da kamen Sir Agravaine und Sir Mordred mit zwölf Rittern der Tafelrunde, und sie schrien mit lauter Stimme: Verräterritter, Sir Launcelot vom See, jetzt bist du ertappt. Und so schrien sie mit lauter Stimme, daß der ganze Hof es hören sollte; und sie waren alle vierzehn in allen Stücken gewappnet, als ob sie in einer Schlacht zu kämpfen hätten. Wehe, sagte Königin Guinever, jetzt sind wir beide verloren. Hohe Frau, sagte Sir Launcelot, ist hier in Eurem Gemach irgendwelche Rüstung, daß ich meinen armen Leib damit bedekken könnte? Und wenn ja, dann gebt sie mir, und ich werde ihre Tücke bald zum Schweigen bringen, so wahr mir Gott helfe. Wahrlich, sagte die Königin, ich habe weder Rüstung noch Schild noch Schwert noch Lanze; darum habe ich große Furcht, daß unsere lange Liebe zu einem unseligen Ende gekommen ist, denn ich höre an dem Lärm, daß da viele edle Ritter sind, und sicherlich sind sie wohl in Waffen; ihnen allen könnt Ihr keinen Widerstand leisten. Weswegen es wahrscheinlich ist, daß Ihr erschlagen werdet, und dann wird man mich verbrennen. Denn wenn Ihr ihnen entrinnen könntet, sagte die Königin, so zweifle ich nicht, daß Ihr mich erretten würdet, in welcher Gefahr ich mich auch befände. Wehe, sagte Sir Launcelot, in meinem ganzen Leben war es nicht so um mich bestellt, daß man mich so in Ermangelung meiner Rüstung schimpflich erschlagen sollte. Doch Sir Agravaine und Sir Mordred schrien in einem fort: Verräterritter, komm heraus aus der Königin Gemach, denn wisse, du bist so in der Enge, daß du nimmermehr entschlüpfen kannst. O barmherziger Jesus, sagte Sir Launcelot, dies schmähliche Schreien und Lärmen ertrage ich nicht, besser wäre es, auf der Stelle zu sterben, als diese Qual zu erdulden. Dann nahm er die Königin in seine Arme und küßte sie und sagte: Höchst edle christliche Königin, ich beschwöre Euch, da Ihr allzeit einzig und allein meine liebe Dame gewesen seid und ich allzeit Euer demütiger wahrer Ritter nach meinen Kräften, und ich Euch niemals, ob in Recht oder in Unrecht, von dem ersten Tage an, da mich König Artus zum Ritter gemacht hat, versagt habe, für Euch einzutreten, daß Ihr für meine Seele beten sollt, wenn ich hier erschlagen werde; denn ich bin völlig sicher, daß Sir Bors, mein Neffe, und alle übrigen meiner Sippe, mit Sir Lavaine und Sir Urre, nicht verfehlen werden, Euch vor dem Feuer zu erretten; und darum, meine teure Dame, tröstet Euch, was auch mit mir geschehen möge, und geht mit Sir Bors, meinem Neffen, und mit Sir Urre, und sie werden Euch zu Diensten sein, soviel sie vermögen, daß Ihr als eine Königin auf meinen Ländereien leben möget. Nicht doch, Launcelot, sagte die Königin, du sollst wissen, daß ich nimmer nach deiner Zeit leben will, sondern wenn du erschlagen wirst, will ich in Jesu Christi Namen so demütig meines Todes sterben, wie je eine christliche Königin. Nun, hohe Frau, sagte Launcelot, da der Tag gekommen ist, wo wir von unsrer Liebe scheiden müssen, so will ich mein Leben so teuer verkaufen wie ich kann; und tausendmal mehr, sagte Sir Launcelot, ist mir um Euretwillen bange als um meinetwillen. Und nun wäre es mir lieber, eine feste Rüstung anzuhaben, als Herr über die ganze Christenheit zu sein, auf daß die Menschen von meinen Taten reden sollten, ehe ich erschlagen werde. Wahrlich, sagte die Königin, ich wollte, Gott fügte, daß sie mich ergriffen und erschlügen und Euch entschlüpfen ließen. Das wird nimmer geschehen, sagte Sir Launcelot, Gott bewahre mich vor solcher Schande, doch, Jesus, sei du mein Schild und mein Panzer!

WIE SIR MORDRED SICH AUFWARF UND KÖNIG VON GANZ ENGLAND WERDEN WOLLTE, UND WIE ER DIE KÖNIGIN, SEINES VATERS WEIB, EHELICHEN WOLLTE

Als Sir Mordred Regent von ganz England war, ließ er Briefe schreiben, als ob sie übers Meer gekommen wären, und die Briefe teilten mit, König Artus wäre im Kampf mit Sir Launcelot erschlagen worden. Und darum veranstaltete Sir Mordred ein Parlament und berief die Herren zusammen, und da ließ er sich von ihnen zum König wählen; und so wurde er in Canterbury gekrönt und hielt da vierzehn

Tage lang ein Fest ab; und hernach zog er nach Winchester, und da nahm er die Königin Guinever und sagte offen, er wollte sie heiraten, die seines Oheims Weib und seines Vaters Weib war. Und so rüstete er zu dem Fest und bestimmte einen Tag, wo sie verehelicht werden sollten; und darüber war Königin Guinever sehr traurig. Aber sie durfte ihr Herz nicht entdecken, sondern sprach freundlich und fügte sich Sir Mordreds Willen. Dann begehrte sie von Sir Mordred, nach London zu gehen, um allerhand Dinge zu kaufen, die zur Hochzeit gehörten. Und wegen ihrer freundlichen Rede traute ihr Sir Mordred und gab ihr Erlaubnis zur Reise. Und als sie nach London gekommen war, bezog sie den Tower in London und versah ihn schnell, so gut es ging, mit Proviant aller Art und legte Krieger zur Verteidigung hinein und hielt ihn so. Als dann Sir Mordred erfuhr und merkte, wie er hintergangen war, wurde er über die Maßen zornig. Und, um es kurz zu machen, er zog hin und legte eine gewaltige Belagerung um den Tower von London und griff ihn vielfach stark an und brachte viele große Maschinen gegen ihn und schoß aus großen Wurfmaschinen. Aber alles konnte Sir Mordred nichts nützen, denn Königin Guinever wollte nie mit sich reden lassen, nicht im Guten und nicht im Bösen, und traute ihm nie und wollte nie wieder in seine Hände kommen. Da kam der Bischof von Canterbury, der ein edler Pfaffe und heiliger Mann war, und sprach so zu Sir Mordred: Herr, was wollt Ihr tun? Wollt Ihr erstlich Gott mißfallen und dann Euch selbst und die ganze Ritterschaft schänden? Ist nicht König Artus Euer leiblicher Oheim, nämlich der Bruder Eurer Mutter, und mit ihr selbst hat König Artus Euch erzeugt, mit seiner eigenen Schwester, wie könnt Ihr also Eures Vaters Weib zum Weibe nehmen? Herr, sagte der edle Pfaffe, laßt ab von diesem Vorhaben, sonst muß ich Euch mit Bibel und Glocke und Kerze verfluchen. Tu du dein Schlimmstes, sagte Sir

Mordred, wisse nur, ich werde dir trotzen. Herr, sagte der Bischof, und wißt Ihr nur, ich werde mich nicht fürchten, zu tun, was ich tun soll. Ferner habt Ihr verbreiten lassen, der hohe Herr Artus sei erschlagen, und dem ist nicht so, und also wollt Ihr in diesem Land einen Schurkenstreich begehn. Still, du falscher Priester, sagte Sir Mordred, denn wenn du mich noch weiter reizest, will ich dir einen Schlag auf deinen Kopf versetzen. So ging der Bischof und vollbrachte die Verfluchung, so nachdrücklich es geschehen konnte. Und dann suchte Sir Mordred den Bischof von Canterbury, um ihn zu erschlagen. Da floh der Bischof und nahm einen Teil seines Besitzes mit sich und wandte sich in die Nähe von Glastonbury, und da wurde er Einsiedelpriester in einer Kapelle und lebte in Armut und in frommen Gebeten, denn er wußte wohl, daß ruchloser Krieg bevorstand. Dann versuchte Sir Mordred, die Königin Guinever durch Briefe und Botschaften und durch freundliche und böse Mittel dazu zu bringen, den Tower von London zu verlassen; aber all das half nichts, denn sie antwortete ihm kurz, öffentlich wie insgeheim, sie würde sich lieber umbringen, als sein Weib werden. Da kam Nachricht zu Sir Mordred, daß König Artus die Belagerung gegen Sir Launcelot aufgehoben hatte, und daß er mit einem großen Heer heimkam, um sich an Sir Mordred zu rächen; und also ließ Sir Mordred an die ganze Baronie dieses Landes Briefe schreiben und sammelte viel Kriegsvolk um sich. Denn damals war die gemeine Rede im Volk, unter Artus gäbe es kein anderes Leben als Krieg und Hader, und unter Sir Mordred sei eitel Jubel und Seligkeit. So wurde Sir Artus heruntergesetzt und Übles von ihm gesprochen. Und da gab es viele, die König Artus aus nichts in die Höhe gebracht hatte, und hatte ihnen Länder gegeben, und nun wußten sie kein gutes Wort für ihn zu sagen. Habt acht, ihr Engländer alle, seht ihr nicht, was das für ein Unglück war! Er also, der der herrlichste Ritter und König der Welt war, und der die Gesellschaft edler Ritter über alles liebte, und der ihnen allen ein Schirm und ein Hort war, mit dem wollten diese Engländer nun nicht zufrieden sein. Seht, das war vor alters Brauch und Sitte in diesem Land; und es gibt Leute, die sagen, wir in diesem Land hätten solchen Brauch und Sitte noch nicht aufgegeben und vergessen. Ach weh, das ist ein großer Fehler an uns Engländern, daß wir nie mit einem Ding zufrieden sein können. Und so war es damals um das Volk bestellt: Sir Mordred gefiel ihnen besser als König Artus; und viele zogen zu Sir Mordred und sagten, sie wollten bei ihm bleiben, im Guten oder im Bösen. Und so zog Sir Mordred mit einem großen Heer nach Dover, denn da, hatte er gehört, wollte Sir Artus landen, und so gedachte er, seinen eigenen Vater mit Gewalt aus seinen Ländern zu treiben; und der größte Teil Englands hielt es mit Sir Mordred, die Menschen waren so neuerungssüchtig.

WIE KÖNIG ARTUS, NACHDEM ER DIE KUNDE ERHALTEN HATTE, HEIMKEHRTE UND NACH DOVER KAM, WO SIR MORDRED IHM ENTGEGENTRAT, UM SEINE LANDUNG ZU HINDERN; UND VOM TODE SIR GAWAINS

Und als so Sir Mordred mit seinem Heer in Dover war, da kam König Artus mit einer großen Flotte von Schiffen, Galeeren und Karacken. Und da stand Sir Mordred bereit, seine Landung zu erwarten, um seinen eigenen Vater zu verhindern, das Land zu betreten, über das er König war. Da setzten große und kleine Boote ins Wasser, die voll edler Krieger waren; und da wurden viele edle Ritter erschlagen, und mancher hochgemute Baron, auf beiden Seiten, wurde sehr demütig gemacht. Aber König Artus war so tapfer, daß keinerlei Ritter ihn am Landen hindern konnte, und seine Ritter folgten ihm kühn; und so landeten sie trotz Sir Mordred und seiner ganzen Macht und schlugen Sir Mordred zurück, daß er mit all seinem Kriegsvolk floh. Als so diese Schlacht geschlagen war, ließ König Artus seine Toten begraben. Und da wurde Sir Gawain gefunden, wie er mehr tot als lebendig in einem großen Boote lag. Als Sir Artus erfuhr, daß Sir Gawain so tief ins Elend gekommen war, ging er zu ihm; und da jammerte der König über die Maßen und nahm Sir Gawain in seine Arme und wurde da dreimal ohnmächtig. Und als er dann aufwachte, sagte er: Ach weh, Sir Gawain, meiner Schwester Sohn, hier liegst du nun, der Mann, den ich in der Welt am meisten geliebt habe; und nun ist meine Freude vorbei, denn nun, mein Neffe Sir Gawain, will ich mich dir entdecken: Sir Launcelot und du, ihr waret meine Freude und mein Trost, und nun habe ich die Freude an euch beiden verloren, und darum ist all meine irdische Freude von mir gegangen. Mein Oheim König Artus, sagte Sir Gawain, wisset nur, der Tag meines Todes ist gekommen, und an allem ist meine eigene Jähheit und Willkür schuld; denn ich habe einen Schlag auf die alte Wunde bekommen, die Sir Launcelot mir geschlagen hat, und ich fühle, daran muß ich sterben; und wäre Sir Launcelot bei Euch gewesen wie früher, hätte dieser unselige Krieg nie begonnen; und an all dem bin ich schuld, denn Sir Launcelot und seine Sippen hielten mit ihrem Heldenmut all Eure aufsässigen Feinde in Unterwerfung und Furcht. Und nun, sagte Sir Gawain, werdet Ihr Sir Launcelot vermissen. Aber o weh, ich wollte keine Versöhnung mit ihm, und darum, sagte Sir Gawain, bitte ich Euch, lieber Oheim, daß ich Papier, Feder und Tinte bekomme, auf daß ich an Sir Launcelot mit eigener Hand einen Brief schreibe. Und als dann Papier und Tinte gebracht war, da wurde Gawain, sehr schwach, wie er war, von König Artus aufgesetzt, kurz vorher aber hatte er gebeichtet; und dann schrieb er, wie das französische Buch mitteilt, folgendes: An Sir Launcelot, die Blume aller edlen Ritter, die ich zeit meines Lebens nennen hörte oder mit Augen gesehen habe, sende ich, Sir Gawain, König Lots Sohn von Orkney und des edlen Königs Artus Schwestersohn, ich sende dir Grüße und gebe dir bekannt, daß ich am zehnten Tag des Monats Mai einen Hieb auf die alte Wunde erhalten habe, die du mir vor der Stadt Benwick geschlagen hast, und durch eben die Wunde, die du mir schlugst, bin ich am Tag meines Todes angelangt. Und ich will, daß alle Welt wisse, daß ich, Sir Gawain, Ritter der Tafelrunde, meinen Tod gesucht habe, und nicht durch deine Schuld, sondern es war mein eigenes Suchen; und also bitte ich dich, Sir Launcelot, in dieses Reich heimzukehren und mein Grab zu besuchen und für meine Seele, so gut du kannst, zu beten. Und an diesem Tage, an dem ich diesen Zettel schreibe, wurde ich an der nämlichen Wunde zu Tod getroffen, die ich von deiner Hand bekam, Sir Launcelot, denn von einem edleren Mann konnte ich nicht erschlagen werden. Und so, Sir Launcelot, bei all der Liebe, die je zwischen uns war, zaudere nicht, sondern komm eilends über die See, auf daß du mit deinen edlen Rittern den edlen König, der dich zum Ritter gemacht hat, den hohen Herrn Artus retten mögest; denn er ist in schlimmer Not durch einen falschen Verräter, das ist mein Halbbruder Sir Mordred; und er hat sich zum König krönen lassen und wollte die hohe Frau, Königin Guinever, heiraten und hätte es getan, wenn sie sich nicht in den Tower von London geworfen hätte. Und so landeten der hohe Herr Artus und wir alle am zehnten Tage des Mai in Dover, und sie wollten uns hindern; und da schlugen wir den falschen Verräter Sir Mordred in die Flucht, und da traf mich das Mißgeschick, daß ich einen Hieb auf deinen Hieb bekam. Und am selben

Tage wurde dieser Brief geschrieben, nur zweiundeinhalb Stunden vor meinem Tod, geschrieben mit meiner eigenen Hand, und so unterschrieben mit Blut aus meinem Herzen. Und ich bitte dich, rühmlichster Ritter der Welt, besuche mein Grab. Und dann weinte Sir Gawain, und König Artus weinte, und dann fielen sie beide in Ohnmacht. Und als sie beide erwacht waren, ließ der König dem Sir Gawain seinen Heiland reichen. Und dann bat Sir Gawain den König, nach Sir Launcelot zu senden und ihn vor allen Rittern auszuzeichnen. Und so gab zur Mittagstunde Sir Gawain seinen Geist auf; und dann ließ der König ihn in einer Kapelle innerhalb der Burg zu Dover bestatten; und da können noch alle seinen Schädel sehen, und man sieht die Wunde, die Sir Launcelot ihm im Kampf geschlagen hatte. Dann wurde dem König berichtet, daß Sir Mordred sich bei Barham Down neu zum Kampf aufgestellt hatte. Und am nächsten Morgen ritt der König dahin gegen ihn, und da kam es zu einer großen Schlacht zwischen ihnen, und viel Kriegsvolk wurde auf beiden Seiten erschlagen; aber schließlich trug Sir Artus' Partei den Sieg davon, und Sir Mordred und seine Partei flohen nach Canterbury.

WIE HERNACH SIR GAWAINS GEIST KÖNIG ARTUS ERSCHIEN UND IHN WARNTE, ER SOLLTE AN DIESEM TAG NICHT KÄMPFEN

Und dann ließ der König überall nach seinen Rittern, die erschlagen waren, suchen und beerdigte sie; und ließ die Schwerverwundeten mit lindernden Salben behandeln. Dann zog König Artus viel Volk zu. Und da sagten sie, Sir Mordred führe den Krieg gegen König Artus zu Unrecht. Und dann zog König Artus mit seinem Heer zum Strand hinab, westlich gegen Salisbury; und da wurde zwischen

König Artus und Sir Mordred ein Tag bestimmt, daß sie auf einer Düne bei Salisbury, nicht weit vom Meeresufer, sich treffen sollten; und zu diesem Tag wurde ein Montag nach dem Sonntag Trinitatis bestimmt, und darüber war König Artus sehr froh, daß er an Sir Mordred gerächt werden sollte. Da zog Sir Mordred viel Volk um London zusammen, denn die Leute von Kent, Southsex und Surrey, Estsex und Southfolk und Northfolk hielten zum größten Teil zu Sir Mordred; und viele edle Ritter zogen zu Sir Mordred und zum König; aber sie glaubten, Sir Launcelot würde zu Sir Mordred ziehen. So geschah es am Sonntag Trinitatis zur Nacht, da träumte König Artus einen wunderbaren Traum, folgendermaßen: Ihm schien, er säße auf einem Gerüst in einem Sessel, und der Sessel war an einem Rad befestigt, und darauf saß König Artus im reichsten Goldgewand, das verfertigt werden konnte; und dem König war, als ob unter ihm, weit von ihm, ein gräßliches, tiefes schwarzes Wasser wäre, und darin waren alle Arten von Schlangen und Würmern und greulichen und furchtbaren wilden Tieren; und mit einemmal war es dem König, als drehe sich das Rad abwärts; und er fiel unter die Schlangen, und jedes Tier fiel über eines seiner Glieder her; und da schrie der König, wie er in seinem Bett lag und schlief: Hilfe! Und da stürzten Ritter, Knappen und Junker herbei und weckten den König; und da war er so betäubt, daß er nicht wußte, wo er war; und dann fiel er wieder in Schlummer, es war kein Schlaf und kein rechtes Wachen. So schien es dem König wahrhaft, daß da Sir Gawain zu ihm träte, der eine Anzahl schöner Damen bei sich hatte. Und als König Artus ihn sah, da sagte er: Willkommen, meiner Schwester Sohn; ich wähnte, du wärest tot, und nun sehe ich dich am Leben – wie danke ich dem allmächtigen Jesus! O lieber Neffe und meiner Schwester Sohn, was sind das für Damen, die mit Euch hierhergekommen sind? Herr, sagte Sir Gawain, das sind alles Damen, für die ich gestritten habe, als ich ein lebendiger Mensch war, und das sind alles solche, für die ich in gutem Streit gekämpft habe; und Gott hat ihnen auf ihr dringendes Bitten die Gnade verliehen, daß sie, weil ich für sie gekämpft habe, mich zu Euch hierherbringen durften; dazu hat Gott mir Urlaub gegeben, Euch vor Eurem Tode zu warnen; denn wenn Ihr morgen mit Sir Mordred kämpft, wie ihr beide bestimmt habt, zweifelt nicht, dann müßt Ihr erschlagen werden und ebenso das meiste Volk auf beiden Seiten. Und um der großen Gnade und Liebe willen, die der allmächtige Jesus zu Euch hat, und aus Erbarmen mit Euch und vielen andern guten Männern, die dort erschlagen werden sollen, hat Gott mich aus besonderer Gnade zu Euch geschickt, Euch zu warnen, daß Ihr keinesfalls morgen kämpfen sollt, sondern daß Ihr für einen Monat Waffenstillstand schließt; und sorget durch Entgegenkommen, daß Ihr zu morgen einen Aufschub erlangt. Denn binnen einem Monat wird Sir Launcelot mit all seinen edlen Rittern kommen und Euch rühmlich erretten und wird Sir Mordred und alle, die je zu ihm halten, erschlagen. Dann schwanden Sir Gawain und all die Damen hinweg. Und sofort berief der König seine Ritter, Knappen und Junker zu sich und gebot ihnen eilends, seine edlen Herren und weisen Bischöfe zu ihm zu holen. Und als sie gekommen waren, berichtete der König ihnen von seinem Gesicht, wie Sir Gawain zu ihm gesprochen und ihn gewarnt hatte, wenn er morgen kämpfte, würde er erschlagen werden. Da befahl der König Sir Lucan dem Kellermeister und seinem Bruder, Sir Bedivere, zwei Bischöfe mit sich zu nehmen, und gebot ihnen, in jeder Weise, wenn sie irgend könnten, für einen Monat mit Sir Mordred Waffenstillstand zu schließen, und spart nicht, bietet ihm Länder und Reichtümer, soviel ihr für gut haltet. So gingen sie denn und kamen dahin, wo Sir Mordred mit einem gewaltigen Heer von hunderttausend

Mann lag. Und da beschworen sie Sir Mordred lange Zeit; und schließlich war Sir Mordred damit einverstanden, er sollte, solange Artus lebte, Cornwall und Kent bekommen, und nachher, wenn König Artus nicht mehr lebte, ganz England.

WIE DURCH MISSGESCHICK, UM EINER NATTER WILLEN, DIE SCHLACHT BEGANN, IN DER MORDRED ERSCHLAGEN UND ARTUS TÖDLICH VERWUNDET WURDE

Dann kamen sie überein, König Artus und Sir Mordred sollten sich zwischen ihren beiden Heeren begegnen, und jeder von ihnen sollte vierzehn Personen mitbringen. Und mit dieser Botschaft kamen sie zu Artus. Da sagte er: Ich bin froh, daß das getan ist; und so ging er ins Feld. Und als Artus im Begriff war zu gehen, warnte er sein ganzes Heer für den Fall, daß sie ein bloßes Schwert gezückt sehen würden: Dann greift sofort kühn an und erschlagt diesen Verräter Sir Mordred, denn ich traue ihm in keiner Weise. In gleicher Weise warnte Sir Mordred sein Heer: Wenn ihr ein bloßes Schwert gezückt sehet, greift sofort kühn an und schlagt alles nieder, was vor euch steht; denn in keiner Weise will ich diesem Waffenstillstand trauen, denn ich weiß wohl, mein Vater ruht nicht, bis er seine Rache an mir genommen hat. Und so begegneten sie einander, wie verabredet worden war, und so kamen sie völlig überein und schlossen den Vertrag; und es wurde Wein geholt, und sie tranken. Währenddem kam eine Natter aus einem kleinen Heidebusch und stach einen Ritter in den Fuß. Und als der Ritter den Stich spürte, blickte er hinunter und sah die Natter, und da zog er sein Schwert, um die Natter zu erschlagen, und dachte weiter nichts Böses. Und als das Heer auf beiden Seiten das bloße Schwert gezückt sah, da bliesen sie Trompeten und Posaunen und Hörner, daß es schreckhaft übers Feld klang. Und so wandten sich beide Heere gegeneinander. Und König Artus nahm sein Pferd und sagte: Ach weh, dieser unselige Tag! und ritt so zu seiner Partei. Und dasselbe tat Sir Mordred. Und nie gab es eine schmerzlichere Schlacht in einem Christenland; denn da gab es nur Aufeinanderlosstürzen und Hauen und Stechen, und manch grimmes Wort wurde hinüber- und herübergerufen, und mancher Todesstreich fiel. Aber immer ritt König Artus oftmals durch die Reihen Sir Mordreds und hielt sich so adlig, wie ein edler König soll, und schreckte nie vor einer Gefahr zurück; und an diesem Tag setzte Sir Mordred ihm gewaltig zu und brachte ihn in große Gefahr. Und so kämpften sie den ganzen langen Tag und hielten nicht inne, bis die edlen Ritter auf die kalte Erde gebettet waren; und immerzu kämpften sie, bis es fast Nacht war, und zu der Zeit lagen da hunderttausend Mann tot auf dem Grund. Da wurde Artus über die Maßen zornig, als er sah, wie sein Volk ihm so erschlagen wurde. Da blickte der König sich um, und da gewahrte er, von seinem ganzen Heer und von all seinen guten Rittern waren nur mehr zwei Ritter am Leben geblieben; das waren Sir Lucan der Kellermeister und sein Bruder Sir Bedivere, und sie waren beide schwer verwundet. Barmherziger Jesus, sagte der König, wo sind all meine edlen Ritter hingekommen? Wehe, daß ich je diesen Tag der Schmerzen sehen sollte, denn nun, sagte Artus, ist mein Ende gekommen. Aber wollte Gott, daß ich wüßte, wo dieser Verräter Sir Mordred ist, der an all diesem Unheil schuld ist. Da gewahrte König Artus, wie Sir Mordred unter einem großen Haufen toter Männer auf sein Schwert gelehnt dastand. Nun gebt mir meine Lanze, sagte Artus zu Sir Lucan, denn dort habe ich den Verräter gewahrt, der all dieses Weh gewirkt hat. Herr, laßt ihn gehn, sagte Sir Lucan, denn er ist unselig; und wenn Ihr über diesen unseligen Tag hinwegkommt, könnt Ihr recht wohl an ihm gerächt werden. Guter Herr, erinnert Euch an Euren nächtlichen Traum und was Sir Gawains Geist Euch heute nacht gesagt hat, aber Gott in seiner großen Güte hat Euch bis jetzt bewahrt. Darum, um Gottes willen, hoher Herr, steht nun ab, denn Gott sei Dank habt Ihr die Schlacht gewonnen, denn hier sind wir drei am Leben, und bei Sir Mordred ist keiner lebendig; und wenn Ihr jetzt abbrecht, ist dieser verruchte Schicksalstag vorbei. Treffe mich Tod oder treffe mich Leben, sagte der König, nun ich ihn dort allein sehe, soll er meinen Händen nicht entkommen, denn zu einer besseren Gelegenheit kann ich ihn nicht finden. Da nahm der König seine Lanze in beide Hände und rannte gegen Sir Mordred und rief: Verräter, nun ist der Tag deines Todes gekommen. Und als Sir Mordred Sir Artus hörte, rannte er mit dem gezückten Schwert in der Hand gegen ihn los. Und da stieß König Artus mit einem Stich seiner Lanze Sir Mordred durch den Schild durch und mehr als einen Klafter tief in den Leib. Und als Sir Mordred spürte, daß er seine Todeswunde hatte, richtete er sich mit der ganzen Gewalt, die er hatte, bis zum Griff von König Artus' Lanze auf. Und so hieb er seinem Vater Artus mit seinem Schwert, das er in beiden Händen hielt, einen Schlag seitlich über den Kopf, daß das Schwert den Helm und die Hirnschale durchdrang, und damit fiel Sir Mordred als Toter zu Boden; und der edle Artus fiel ohnmächtig zu Boden und fiel da von einer Ohnmacht in die andere. Und Sir Lucan der Kellermeister und Sir Bedivere versuchten oft, ihn aufzurichten. Und so führten sie ihn, der sehr schwach war, zwischen sich beiden bis zu einer kleinen Kapelle, nicht weit vom Strande. Und als der König da war, meinte er sich wohl zu fühlen. Dann hörten sie ein Geschrei in dem Felde. Nun geh du, Sir Lucan, sagte der König, und tu mir kund, was dieser Lärm in dem Felde bedeutet. So ging Sir Lucan, obwohl er an vielen Stellen arg verwundet war. Und als er hingekommen war, sah und hörte er im Mondschein, wie Plünderer und Räuber ins Feld gekommen waren, um vielen edlen Rittern Spangen und Perlen und Juwelen und manchen schönen Ring zu rauben; und die noch nicht völlig tot waren, die erschlugen sie, um ihres Harnischs und ihrer Schätze willen. Als Sir Lucan dieses Werk sah, ging er, so schnell er konnte, wieder zum König und berichtete ihm alles, was er gesehen und gehört hatte. Darum ist es nach meiner Meinung, sagte Sir Lucan, das beste, daß wir Euch in eine Stadt bringen. Ich wollte, das könnte geschehen, sagte der König.

WIE KÖNIG ARTUS BEFAHL, SEIN SCHWERT EXCALIBUR INS WASSER ZU WERFEN, UND WIE ER IN EINER BARKE DAMEN ÜBERGEBEN WURDE

Aber ich kann nicht stehen, es arbeitet so in meinem Kopf. Ah, Sir Launcelot, sagte König Artus, heute habe ich dich sehr vermißt; wehe, daß ich je gegen dich war, denn nun habe ich meinen Tod, vor dem Sir Gawain mich in meinem Traum gewarnt hat. Dann hob Sir Lucan den König auf der einen Seite auf und Sir Bedivere auf der anderen Seite, und im Aufrichten wurde der König ohnmächtig; und Sir Lucan fiel mit dem Aufheben in eine Ohnmacht, daß seine Eingeweide aus dem Leib heraustraten, und damit brach des edlen Ritters Herz. Und als der König aufwachte, sah er auf Sir Lucan, wie er da lag, mit Schaum vor dem Munde und mit einem Teil seiner Eingeweide zu seinen Füßen. Wehe, sagte der König, das ist ein bitterer Anblick für mich, diesen edlen Herzog so um meinetwillen sterben zu sehn, denn er wollte mir helfen, dem mehr Hilfe not tat als mir. Wehe, er wollte nicht klagen, sein Herz drängte ihn, mir zu helfen, nun erbarme sich Jesus seiner Seele! Da weinte Sir Bedivere um seines Bruders Tod. Laß dieses Trauern und Weinen, sagte der König, denn all das kann mir nicht helfen, und wisse nur, wenn ich selbst leben könnte, wollte ich immerdar klagen über Sir Lucans Tod. Aber meine Zeit eilt schnell von hinnen, sagte der König. Darum, sagte Artus zu Sir Bedivere, nimm du Excalibur, mein gutes Schwert, und geh mit ihm dort zum Ufer, und ich gebiete dir, wenn du dahin gekommen bist, wirf mein Schwert in das Wasser und komm wieder und berichte mir, was du dort siehst. Hoher Herr, sagte Bedivere, Euer Gebot soll getan werden, und schnell will ich Euch wieder Nachricht bringen. So ging Sir Bedivere, und unterwegs sah er das edle Schwert an, daß der Knauf und der Griff ganz mit edlen Steinen besetzt war; und da sagte er zu sich selbst: Wenn ich dieses reiche Schwert ins Wasser werfe, kann daraus nichts Gutes kommen, sondern nur Schaden und Verlust. Und da verbarg Sir Bedivere Excalibur unter einem Baum. Und so kam er, so schnell er konnte, wieder zum König und sagte, er wäre beim Wasser gewesen und hätte das Schwert ins Wasser geworfen. Was sahst du da? sagte der König. Herr, sagte er, ich sah nichts als Wellen und Winde. Da sprichst du die Unwahrheit, sagte der König, also geh schnell wieder und tu nach meinem Gebot; so wahr du mir lieb und teuer bist, wolle nicht sparen, sondern wirf es hinein. Da kehrte Sir Bedivere wieder um und nahm das Schwert in seine Hand; und da deuchte es ihn Schmach und Sünde, dies edle Schwert wegzuwerfen, und so verbarg er das Schwert abermals und kehrte zurück und berichtete dem König, er wäre am Wasser gewesen und hätte sein Gebot erfüllt. Was sahst du da? sagte der König. Herr, sagte er, ich sah nichts als die Wasser rauschen und die Wellen fluten. Ah, falscher Verräter, sagte König Artus, nun hast du mich zweimal betrogen. Wer hätte das gedacht, du, der du mir so lieb und teuer gewesen bist? Du hast den Namen eines edlen Ritters und wolltest mich wegen eines prächtigen Schwertes betrügen! Aber nun geh schnell zurück, denn dein langes Zaudern bringt mein Leben in große Gefahr, denn mir ist kalt geworden. Und wenn du jetzt nicht tust, wie ich dir gebiete, werde ich dich, wenn ich dich je wiedersehe, mit meinen eigenen Händen erschlagen; denn du hast um meines reichen Schwertes willen mich tot sehen wollen. Da ging Sir Bedivere und begab sich zu dem Schwert und nahm es rasch auf und ging zum Strand; und da band er den Gurt um den Griff, und dann warf er das Schwert, so weit er konnte, ins Wasser; und da kam ein Arm und eine Hand aus dem Wasser heraus und griff darnach und nahm es und schüttelte es so dreimal und schwang es, und dann verschwand die Hand mit dem Schwert in dem Wasser. So kam Sir Bedivere zum König zurück und berichtete ihm, was er gesehen hatte. Ach weh, sagte der König, hilf mir von hier fort, denn ich fürchte, ich habe zu lange gezögert. Da nahm Sir Bedivere den König auf seinen Rücken und ging so mit ihm dorthin zum Strande. Und als sie am Strande waren, da wartete am Ufer eine kleine Barke mit vielen schönen Frauen darin, und mitten unter ihnen war eine Königin; und sie alle trugen schwarze Kapuzen, und alle weinten und schrien, als sie König Artus sahen. Nun lege mich in die Barke, sagte der König. Das tat er denn sanft; und da empfingen ihn drei Königinnen mit großen Klagen; und so setzten sie sich nieder, und der einen in den Schoß legte König Artus sein Haupt. Und da sagte diese Königin: Ah, lieber Bruder, warum habt Ihr so lange gezaudert, zu mir zu kommen? Wehe, diese Wunde auf Eurem Kopf ist zu kalt geworden. Und so ruderten sie denn vom Ufer fort, und Sir Bedivere sah, wie all diese Damen von ihm gingen. Da schrie Sir Bedivere: Ach, hoher Herr Artus, was soll aus mir werden, nun Ihr von mir geht und mich hier allein unter meinen Feinden laßt? Tröste dich, sagte der König, und tu, was du vermagst, denn auf mich ist kein Verlaß, darauf zu bauen; denn ich will in das Tal von Avilion, um Heilung für meine schwere Wunde zu finden; und wenn du nichts mehr von mir hörst, bete für meine Seele. Aber immerzu weinten und klagten die Königinnen und Damen, daß es jammervoll zu hören war. Und sowie Sir Bedivere die Barke aus dem Gesicht verloren hatte, weinte und klagte er und schlug so den Weg in den Wald ein; und so ging er die ganze Nacht, und am Morgen bemerkte er zwischen zwei uralten Wäldern eine Kapelle und eine Einsiedelei.

WIE SIR BEDIVERE IHN AM MORGEN TOT IN EINER EINSIEDELEI FAND, UND WIE ER DORT BEI DEM EINSIEDLER BLIEB

Da war Sir Bedivere froh und ging dahin; und wie er in die Kapelle gekommen war, sah er da einen Einsiedler am Boden ausgestreckt liegen, ganz nah bei einem frisch gegrabenen Grab. Als der Einsiedler Sir Bedivere sah, erkannte er ihn wohl, denn er war vor kurzem noch der Bischof von Canterbury gewesen, der Sir Mordred verflucht hatte. Herr, sagte Bedivere, was für ein Mann ist da begraben, für den Ihr so heiß betet? Lieber Sohn, sagte der Einsiedler, ich weiß es nicht gewiß, aber durch Vermutung. Heute nacht, um Mitternacht, kam eine Schar Damen hierher und brachten einen Leichnam her und baten mich, ihn zu beerdigen; und hier spendeten sie hundert Kerzen, und sie gaben mir hundert Byzantiner. Ach weh, sagte Sir Bedivere, das war mein Herr, König Artus, der hier in dieser Kapelle begraben liegt. Dann fiel Sir Bedivere in Ohnmacht; und als er aufwachte, bat er den Einsiedler, er möchte bei ihm bleiben und mit ihm in Fasten und Beten leben. Denn von hier will ich mit meinem Willen nimmermehr gehen, sagte Sir Bedivere, sondern will die Tage meines Lebens hier verbringen, für den hohen Herrn Artus zu beten. Ihr seid mir willkommen, sagte der Einsiedler, denn ich kenne Euch besser, als Ihr meint. Ihr seid der tapfere Bedivere, und der hochedle Herzog Sir Lucan der Kellermeister war Euer Bruder. Da berichtete Sir Bedivere dem Einsiedler alles, was ihr zuvor gehört habt. So blieb Sir Bedivere bei dem Einsiedler, der vorher Bischof von Canterbury gewesen war, und da legte Sir Bedivere dürftige Kleider an und diente dem Einsiedler gar demütig mit Fasten und Beten. So finde ich von Artus nicht mehr in glaubhaften Büchern geschrieben, nicht mehr wahrhafte Sicherheit über seinen Tod hörte ich je lesen, sondern so wurde er weggefahren in einem Schiff, in dem drei Königinnen waren; die eine war König Artus' Schwester, Königin Morgan le Fay, die andere war die Königin von Nord-Galis, die dritte war die Königin von den Weiten Ländern. Ferner war da Nimue, die oberste Dame vom See, die Pelleas, den guten Ritter, geheiratet hatte; und diese Dame hatte viel für König Artus getan, denn sie wollte Sir Pelleas nie erlauben, an irgendeinem Orte zu sein, wo er in Gefahr seines Lebens sein konnte; und so lebte er bis in seine höchsten Tage mit ihr in großer Ruhe. Mehr vom Tode König Artus' konnte ich nirgends finden, sondern daß ihn Damen zu seinem Begräbnis gebracht hatten; und so einer wurde da beerdigt, über den der Einsiedler, der einst Bischof von Canterbury gewesen war, Zeugnis ablegte, aber auch der Einsiedler wußte nicht mit Gewißheit, daß es wirklich der Leichnam König Artus' war; mit seinem Bericht aber brachte Sir Bedivere, Ritter der Tafelrunde, es dazu, daß es so geschrieben wurde.

VON DER MEINUNG EINIGER ÜBER DEN TOD KÖNIG ARTUS', UND WIE KÖNIGIN GUINEVER IN ALMESBURY EINE NONNE WURDE

Aber einige sagen in vielen Teilen Englands, König Artus wäre nicht tot, sondern lebte durch den Willen unseres Herrn Jesu an einem anderen Ort; und die Leute sagen, er würde wiederkommen und würde das heilige Kreuz erobern. Ich will nicht sagen, daß es so ist, sondern will eher sagen, in dieser Welt hat er sein Leben aufgegeben. Aber viele Leute sagen, es wäre auf seinem Grabmal dieser Vers geschrieben: Hic jacet Artusus Rex, quondam Rexque futurus. So lasse ich hier Sir Bedivere bei dem Einsiedler, der zu der Zeit in einer Kapelle bei Glastonbury wohnte, und da war seine Einsiedelei. Und so lebten sie in ihren Gebeten und Fasten und großem Kasteien. Und als Königin Guinever vernahm, König Artus wäre erschlagen, und erschlagen all die edlen Ritter, Sir Mordred und all die übrigen, da stahl sich die Königin heimlich weg, und fünf Damen begleiteten sie, und so kam sie nach Almesbury; und da ließ sie sich als Nonne einkleiden und trug weiße Kleider und schwarze, und nahm große Buße auf sich, so große, wie je eine sündige Frau in diesem Lande, und nie konnte sie jemand mehr fröhlich machen, sondern in Fasten und Gebeten und Almosengeben lebte sie, daß alle Menschen sich wunderten, wie tugendhaft sie geworden war. Nun lassen wir Königin Guinever in Almesbury, eine Nonne in weißen Kleidern und schwarzen – und dort war sie Äbtissin und Oberin, wie sich gebührte – und wenden uns von ihr und sprechen von Sir Launcelot vom See.

WIE SIR LAUNCELOT, ALS ER VON KÖNIG ARTUS' UND SIR GAWAINS TOD UND VON ANDERN DINGEN HÖRTE, NACH ENGLAND KAM

Und als er in seinem Lande hörte, Sir Mordred wäre in England zum König gekrönt und führte Krieg gegen Artus, seinen eigenen Vater, und wollte ihn hindern, in seinem eigenen Lande zu landen; ferner wurde Sir Launcelot berichtet, wie Sir Mordred den Tower von London belagert hielt, weil die Königin ihn nicht heiraten wollte, da wurde Sir Launcelot über die Maßen wütend und sagte zu seinen Sippen: Ach weh, dieser doppelte Verräter Sir Mordred, nun reut mich, daß er je meinen Händen entrann, denn viel Schmach hat er dem hohen Herrn Artus angetan; denn wohl merke ich an dem schmerzlichen Brief, den der hohe Herr Sir Gawain mir geschickt hat, über dessen Seele Jesus sich erbarmen möge, daß der hohe Herr Artus in großer Gefahr ist. Ach weh, sagte Sir Launcelot, daß ich so lange leben sollte zu hören, daß der alleredelste König, der mich zum Ritter gemacht hatte, so von seinem Untertan in seinem eigenen Reiche bedroht wird. Und dieser schmerzliche Brief, den der hohe Herr Sir Gawain mir vor seinem Tode geschickt hat, in dem er mich bittet, sein Grab zu besuchen, wisset wohl, seine schmerzlichen Worte werden nie aus meinem Herzen weichen, denn er war ein so edler Ritter, wie je einer lebte; und in einer unseligen Stunde wurde ich geboren, daß ich je das Unglück haben sollte, erstlich Sir Gawain zu erschlagen und dann Sir Gaheris, den guten Ritter, und meinen eigenen Freund Sir Gareth, den hochedlen Ritter. Wehe, ich darf sagen, ich bin ein Unglücklicher, sagte Sir Launcelot, daß ich je solches Unheil anrichtete, und, ach weh, wohl werde ich nie das Glück haben, diesen Verräter, Sir Mordred, zu erschlagen. Laßt Eure Klagen, sagte Sir Bors, und rächt Euch zuerst für Sir Gawains Tod; und es wird wohlgetan sein, daß Ihr Sir Gawains Grab besucht, und zweitens rächt den hohen Herrn Artus und die hohe Frau, Königin Guinever. Ich danke Euch, sagte Sir Launcelot, denn immer denkt Ihr an meinen Ruhm. Dann rüsteten sie sich in aller möglichen Eile, mit Schiffen und Galeeren, mit Sir Launcelot und seinem Heer nach England zu fahren. Und so fuhr er über die See, bis er nach Dover kam, und da landete er mit sieben Königen, und die Menge seines Heeres war schreckhaft zu sehen. Dann fragte Sir Launcelot Männer von Dover, wo König Artus hingekommen war. Da erzählten ihm die Leute, wie er erschlagen worden war, und wie Sir Mordred und hunderttausend an einem Tage gestorben waren; und wie Sir Mordred da König Artus bei seiner Landung die erste Schlacht lieferte, und wie da der gute Sir Gawain erschlagen wurde; und am nächsten Morgen kämpfte Sir Mordred mit dem König bei Barham Down, und da besiegte der König den Sir Mordred. O weh, sagte Sir Launcelot, das ist die schwerste Nachricht, die je zu mir kam. Nun, edle Herren, sagte Sir Launcelot, zeigt mir das Grab Sir Gawains. Und da führten ihn etliche aus der Stadt in die Burg von Dover und zeigten ihm das Grab. Da kniete Sir Launcelot nieder und weinte und betete von Herzen für seine Seele. Und in dieser Nacht veranstaltete er einen Totenschmaus, und alle, die kommen wollten, bekamen so viel Fleisch, Fisch, Wein und Bier, wie sie wollten, und jeder Mann und jede Frau bekamen zwölf Pfennig, es mochte kommen, wer wollte. So verteilte er mit eigener Hand dieses Geld und trug ein Trauergewand; und immerzu weinte er und bat sie, für die Seele Sir Gawains zu beten. Und am nächsten Morgen kamen alle Priester und Geistlichen, die man im Land erlangen konnte, zusammen und sangen das Requiem; und da opferte zuerst Sir Launcelot, und er opferte hundert Pfund; und dann opferten die sieben Könige, jeder vierzig Pfund; und ferner waren da tausend Ritter, und jeder von ihnen opferte ein Pfund; und die Opferung dauerte vom Morgen bis in die Nacht, und Sir Launcelot lag zwei Nächte in Beten und Weinen auf seinem Grab. Dann am dritten Tage berief Sir Launcelot die Könige, Herzöge, Grafen, Barone und Ritter und sprach so: Edle Herren, ich danke euch allen, daß ihr mit mir in dieses Land gekommen seid, aber wir sind zu spät gekommen, und das wird mich schmerzen, solange ich lebe, aber gegen den Tod kann keiner sich empören. Aber da es so ist, sagte Sir Launcelot, will ich reiten und die hohe Frau, Königin Guinever, aufsuchen, denn, wie ich sagen höre, hat sie große Pein und viel Beschwerden gehabt; und ich hörte, sie sei in den Westen geflohen. Daher sollt ihr mich alle hier erwarten, und wenn ich binnen vierzehn Tagen nicht wiederkomme, dann steigt, ihr und eure Scharen, zu Schiff und reist in euer Land, denn ich will tun, wie ich euch sage.

WIE SIR LAUNCELOT AUSREISTE, KÖNIGIN GUINEVER ZU SUCHEN, UND WIE ER SIE IN ALMESBURY FAND

Dann kam Sir Bors von Ganis und sagte: Hoher Herr Sir Launcelot, was fällt Euch ein, nun in dieses Reich reiten zu wollen? Glaubet nur, Ihr werdet wenig Freunde finden. Sei es, wie es mag, sagte Sir Launcelot, haltet euch still hier, denn ich will vorwärts auf meine Reise, und weder Mann noch Kind soll mich begleiten. So hatte es keinen Zweck zu streiten, sondern er brach auf und ritt westwärts, und da suchte er sieben oder acht Tage; und schließlich kam er in ein Nonnenkloster, und da gewahrte Königin Guinever Sir Launcelot, wie er in dem Kloster wandelte. Und als sie ihn da sah, wurde sie dreimal ohnmächtig, daß all die Damen und Edelfräulein zu schaffen hatten, sie aufrecht zu halten. Als sie dann sprechen konnte, rief sie Damen und Edelfräulein zu sich und sagte: Ihr wundert euch, edle Damen, warum es mir so geht. Wahrlich, sagte sie, es ist wegen des Anblicks jenes Ritters, der dort steht; und also bitte ich euch, ruft ihn zu mir. Als Sir Launcelot zu ihr gebracht worden war, da sprach sie zu all den Damen: Durch diesen Mann und mich ist all dieser Krieg und der Tod der edelsten Ritter der Welt bewirkt worden; denn um unsertwillen, daß wir einander geliebt haben, ist mein hochedler Herr und Gemahl erschlagen worden. Darum, Sir Launcelot, wisset wohl, mit mir steht es nun so, daß ich an mein Seelenheil denke, und ich vertraue, durch Gottes Gnade nach meinem Tod das gesegnete Antlitz Christi sehen zu dürfen und beim Jüngsten Gericht zu seiner Rechten zu sitzen, denn so sündig, wie ich je war, waren Heilige im Himmel. Darum, Sir Launcelot, bitte ich dich und beschwöre dich von Herzen bei aller Liebe, die je zwischen uns war, daß du mir nie mehr vor Augen kommst; und ich befehle dir um Gottes willen, daß du meine Gesellschaft meidest und in dein Königreich zurückkehrst, und hüte dein Reich vor Krieg und Verderben; denn so sehr ich dich geliebt habe, erträgt es mein Herz nicht, dich zu sehen, denn durch dich und mich ist die Blüte der Könige und Ritter zerstört; also, Sir Launcelot, geh in dein Reich und nimm dir dort ein Weib, und lebe mit ihr in Glück und Freude; und ich bitte dich herzlich, bete für mich zu unserm Herrn, daß ich mein arges Leben büßen kann. Nun, holde Frau, sagte Sir Launcelot, wollt Ihr wirklich, daß ich nun in mein Land zurückkehre und dort eine Frau nehme? Nein, hohe Frau, seid sicher, das werde ich nimmermehr tun, denn ich werde nie so von dem abfallen, was ich gelobt habe; sondern das nämliche Los, das Ihr auf Euch genommen habt, will ich auf mich nehmen, um Jesus zu gefallen, und meine besondere Aufgabe sei, immer für Euch zu beten. Wenn du das tun willst, sagte die Königin, halte dein Gelübde, aber ich kann nimmermehr glauben, daß du nicht wieder in die Welt zurückkehren wirst. Hohe Frau, sagte er, Ihr redet, wie es Euch beliebt, doch könnt Ihr Euch nicht erinnern, daß ich je mein Gelübde gebrochen hätte, und Gott behüte, daß ich anderes tue, als der Welt entsagen, wie Ihr getan habt. Denn auf der Suche nach dem Heiligen Gral hätte ich allen Eitelkeiten der Welt entsagt, wäre nicht Euer Gemahl gewesen. Und wenn ich das damals mit Herzen, Willen und Gedanken getan hätte, hätte ich all die Ritter übertroffen, die nach dem Heiligen Gral gefahren waren, außer Sir Galahad, meinem Sohn. Und also, Frau, da Ihr Euch der Buße zugewandt habt, ist es Recht und Pflicht, daß ich mich auch der Buße zuwende. Denn ich berufe mich auf Gott, Ihr seid meine Freude auf Erden gewesen; und wenn ich Euch nun so gestimmt getroffen hätte, wäre mein Wunsch gewesen, Euch in mein Reich mit mir zu nehmen.

WIE SIR LAUNCELOT IN DIE EINSIEDELEI KAM, WO DER ERZBISCHOF VON CANTERBURY WAR, UND WIE ER DAS MÖNCHSGEWAND ANZOG

Aber da ich Euch so gestimmt finde, versichere ich Euch getreulich, ich will mich immerdar der Buße zuwenden und will beten, solange mein Leben währt, wenn ich einen Einsiedler finden kann, er sei grau oder weiß, der mich aufnehmen will. Und also, hohe Frau, bitte ich Euch, küßt mich und nimmermehr wieder. Nein, sagte die Königin, das will ich nie mehr tun, sondern enthaltet Euch von solchen Werken; und sie schieden. Aber nie lebte ein so hartherziger Mann, der nicht geweint hätte, wenn er ihren

Schmerz gesehen hätte; denn sie klagten da, als würden sie mit Spießen gestochen; und oftmals wurden sie ohnmächtig, und die Damen trugen die Königin in ihr Gemach. Und Sir Launcelot erwachte und ging und stieg zu Pferd und ritt den ganzen Tag und die ganze Nacht weinend in einem Wald. Und schließlich gewahrte er eine Einsiedelei, und eine Kapelle stand zwischen zwei Felsen; und dann hörte er eine kleine Glocke zur Messe läuten, und dahin ritt er und stieg ab und band sein Pferd an das Tor und hörte die Messe. Und der die Messe sang, war der Bischof von Canterbury. Sowohl der Bischof wie Sir Bedivere erkannten Sir Launcelot, und sie sprachen zusammen nach der Messe. Aber als Sir Bedivere seinen ganzen Bericht gegeben hatte, brach Sir Launcelots Herz beinahe vor Leid, und Sir Launcelot hob seine Arme in die Höhe und sagte: O weh, wer mag dieser Welt trauen. Und dann kniete er nieder und bat den Bischof, ihm die Beichte abzunehmen und die Absolution zu erteilen. Und dann bat er den Bischof, er möchte sein Bruder werden. Da sagte der Bischof: Von Herzen gern; und dann warf er eine Kutte über Sir Launcelot, und da diente er Gott Tag und Nacht mit Beten und Fasten. Derweile wartete das große Heer in Dover. Und dann nahm Sir Lionel fünfzehn Herren mit sich und ritt nach London, um Sir Launcelot zu suchen; und da wurden Sir Lionel und viele seiner Herren erschlagen. Dann ließ Sir Bors von Ganis das große Heer heimfahren; und Sir Bors, Sir Ector von Maris, Sir Blamore, Sir Bleoberis und andere von Sir Launcelots Geblüt unternahmen es kreuz und quer, durch ganz England zu reiten, um Sir Launcelot zu suchen. So ritt Sir Bors aufs Geratewohl so lange, bis er von ungefähr zu der nämlichen Kapelle kam, wo Sir Launcelot war; und so hörte Sir Bors eine kleine Glocke läuten, die zur Messe erklang; und da stieg er ab und hörte die Messe. Und als die Messe vollbracht war, kamen der Bischof, Sir Launcelot und Sir Bedivere zu Sir Bors. Und als Sir Bors Sir Launcelot in seinem Gewande sah, da bat er den Bischof, er möchte dieselbe Kleidung tragen. Und so wurde er in eine Kutte gesteckt und lebte da in Beten und Fasten. Und binnen einem halben Jahr waren dahin gekommen Sir Galihud, Sir Galihodin, Sir Blamore, Sir Bleoberis, Sir Villiars, Sir Clarrus und Sir Gahalantine. So blieben all diese sieben edlen Ritter dort. Und als sie sahen, daß Sir Launcelot sich so dem frommen Leben zugewandt hatte, hatten sie keine Lust weiterzureiten, sondern lebten, wie er lebte. So verharrten sie sechs Jahre in großer Buße; und dann nahm Sir Launcelot das Priesterkleid vom Bischof, und ein Jahr lang sang er Messe. Und all die andern Ritter taten nichts anderes, als in frommen Büchern lesen und bei der Messe helfen und die Glocke läuten und allerhand grobe Arbeit tun. Und so gingen ihre Pferde, wohin sie wollten, denn sie kümmerten sich nichts um weltliche Güter. Denn als sie sahen, wie Sir Launcelot mit Beten und Fasten solche Buße auf sich nahm, achteten sie nicht darauf, was für Pein sie duldeten, da sie den edelsten Ritter der Welt solche Kasteiung auf sich nehmen sahen, daß er ganz mager wurde. Und so kam eines Nachts ein Gesicht zu Sir Launcelot und gebot ihm, zur Vergebung seiner Sünden eilends nach Almesbury zu reisen: Und wenn du dort hingekommen bist, wirst du Königin Guinever tot finden. Und also nimm deine Genossen mit dir und laß sie eine Pferdesänfte mitnehmen, und hole ihren Leichnam und bestatte sie bei ihrem Gemahl, dem edlen König Artus. So kam diese Erscheinung dreimal in einer Nacht zu Sir Launcelot.

WIE SIR LAUNCELOT MIT SEINEN SIEBEN GENOSSEN NACH ALMESBURY GING UND DORT KÖNIGIN GUINEVER TOT FAND, DIE SIE NACH GLASTONBURY BRACHTEN

So stand Sir Launcelot vor Tag auf und berichtete es dem Einsiedler. Es wäre wohlgetan', sagte der Einsiedler, daß Ihr Euch fertig macht und der Erscheinung nicht ungehorsam seid. Da nahm Sir Launcelot seine sieben Genossen mit sich, und zu Fuß gingen sie von Glastonbury nach Almesbury, was etwas über dreißig Meilen sind. Und dazu brauchten sie zwei Tage, denn sie waren schwach und kamen nur langsam vorwärts. Und als Sir Launcelot nach Almesbury in das Nonnenkloster gekommen war, war Königin Guinever eine halbe Stunde vorher gestorben. Und die Frauen erzählten Sir Launcelot, daß Königin Guinever ihnen alles gesagt hatte, ehe sie schied, daß Sir Launcelot fast schon ein Jahr lang Priester war, und er kommt hierher, so schnell er kann, um meine Leiche zu holen; und neben meinem Gemahl König Artus wird er mich beerdigen. Und so sprach die Königin, daß sie alle es hörten: Ich flehe zum allmächtigen Gott, daß mir nie verliehen werde, Sir Launcelot mit meinen weltlichen Augen zu sehen; und dies, sagten alle Damen, war immerzu ihr Gebet in diesen zwei Tagen, bis sie tot war. Dann sah Sir Launcelot ihr Gesicht, aber er weinte nicht sehr, sondern seufzte. Und so vollbrachte er den ganzen vorgeschriebenen Gottesdienst selbst, die Totengesänge zur Nacht, und am Morgen sang er Messe. Und dann wurde eine Sänfte gebracht; und so mit hundert Fackeln, die immer um die Leiche der Königin brannten, und Sir Launcelot mit seinen sieben Genossen ging immer hinter der Sänfte, singend und manch heiliges Gebet lesend, und Weihrauch wurde auf dem Leichnam entzündet. So gingen

Sir Launcelot und seine sieben Genossen zu Fuß von Almesbury nach Glastonbury. Und als sie zu der Kapelle und der Einsiedelei gekommen waren, vollbrachten sie da in großer Inbrunst ein Totenamt. Und am nächsten Morgen sang der Einsiedler, der einst Bischof von Canterbury gewesen war, mit großer Inbrunst das Requiem. Und Sir Launcelot war der erste, der opferte, und dann seine sieben Genossen. Und dann wurde sie von Kopf zu Fuß in dreifaches gewachstes Tuch aus der Stadt Raines gekleidet; und hernach wurde sie in einen Bleisarg gelegt und dann in einen Marmorsarg. Und als sie in die Erde gelegt wurde, fiel Sir Launcelot in Ohnmacht und lag lange unbeweglich, bis der Einsiedler kam und ihn weckte und sagte: Ihr seid zu tadeln, denn Ihr mißfallt Gott mit derlei Schmerzbezeigung. Wahrlich, sagte Sir Launcelot, ich getröste mich, Gott nicht zu mißfallen, denn er kennt mein Herz. Denn mein Schmerz ging nicht und geht nicht irgend um Sündenlust, aber mein Schmerz kann nie ein Ende haben. Denn wenn ich ihrer Schönheit und ihres Adels gedenke, die in ihrem König und ihr waren, wahrlich, als ich seinen Leichnam und ihren Leichnam so beisammen liegen sah, wollte mein Herz meinem armen Leib nicht mehr den Dienst verrichten. Und wenn ich dann gedenke, wie durch meine Schuld, meinen Stolz und meinen Hochmut sie beide dahinsanken, die ohnegleichen waren unter allen, die je als Christenmenschen lebten, seid gewiß, sagte Sir Launcelot, dies Gedenken an ihre Güte und meine Ungüte fiel mir so auf mein Herz, daß ich mich nicht aufrechthalten konnte. So berichtet das französische Buch.

WIE SIR LAUNCELOT ZU KRÄNKELN ANFING UND HERNACH STARB, UND WIE SEIN LEICHNAM NACH JOYOUS GARD GEBRACHT WURDE, UM DORT BEERDIGT ZU WERDEN

Von da an aß und trank Sir Launcelot fast nichts mehr, bis er tot war. Denn von da an wurde er immer kränker und wurde dürr und schrumpfte ein. Denn der Bischof und keiner seiner Genossen konnten ihn irgend zum Essen bringen, und er trank fast gar nicht, so daß er fast eine Elle kleiner geworden war, als er gewesen war, und die Menschen ihn nicht mehr erkannten. Denn immer bei Tag und Nacht betete er, aber manchmal verfiel er in unruhigen Schlaf; immer lag er auf dem Grab König Artus' und der Königin Guinever. Und keinen Trost konnten ihm der Bischof oder Sir Bors oder einer seiner Genossen gewähren, es half nichts. So wurde Sir Launcelot sechs Wochen nachher krank und legte sich zu Bett; und dann schickte er nach dem Bischof, der da Einsiedler war, und nach all seinen treuen Genossen. Da sprach Sir Launcelot mit trauriger Stimme: Herr Bischof, ich bitte Euch, verseht mich mit allem, was ein Christenmensch braucht. Das wird Euch nicht not tun, sagten der Einsiedler und all seine Genossen, es ist bloß Euer schweres Blut; mit Gottes Gnade werdet Ihr morgen wiederhergestellt sein. Edle Herren, sagte Sir Launcelot, verlaßt euch darauf, mein armer Leib will in den Boden, ich habe mehr Anzeichen, als ich sagen will; also verseht mich. Als er so den Leib des Herrn und die letzte Ölung empfangen hatte und alles bekommen hatte, was ein Christenmensch haben soll, bat er den Bischof, seine Genossen möchten seinen Leichnam nach Joyous Gard bringen. Manche sagen, es wäre Alnwick gewesen, und andere sagen, es wäre Bamborough gewesen. Zwar, sagte Sir Launcelot, tut es mir sehr leid, aber ich habe ehedem das Gelübde getan, ich wollte in Joyous Gard beerdigt werden. Und damit ich mein Gelübde nicht breche, bitte ich euch alle, bringt mich dorthin. Da war Weinen und Händeringen unter seinen Genossen. So gingen sie zu einer Stunde der Nacht alle zu Bett, denn sie lagen alle in einem Zimmer. Und so fing nach Mitternacht, vor Tagesanbruch, der Bischof, der Einsiedler war, als er schlafend in seinem Bette lag, plötzlich laut zu lachen an. Und darüber erwachten die Genossen und kamen zu dem Bischof und fragten ihn, was mit ihm wäre. Ach, barmherziger Jesus, sagte der Bischof, warum habt ihr mich erweckt? Ich war nie in meinem ganzen Leben so froh und so glücklich. Warum? fragte Sir Bors. Wahrlich, sagte der Bischof, hier war Sir Launcelot bei mir mit mehr Engeln, als ich je an einem Tag Menschen gesehn habe. Und ich sah die Engel Sir Launcelot zum Himmel aufheben, und die Tore des Himmels öffneten sich vor ihm. Das ist nur ein wirrer Traum, sagte Sir Bors, denn ich zweifle nicht, es geht Sir Launcelot ganz gut. Das mag wohl sein, sagte der Bischof; geht zu seinem Bett, und dann werdet ihr die Wahrheit sehn. Als so Sir Bors und seine Genossen zu seinem Bett gekommen waren, fanden sie ihn als einen Toten, und er lag da, als ob er lächelte, und der süßeste Duft war um ihn, den sie je gespürt hatten. Da erhob sich Weinen und Händeringen, und sie stimmten die größte Klage an, die je unter Menschen gewesen war. Und am Morgen sang der Bischof ihm das Requiem; und hernach legten der Bischof und alle neun Ritter Sir Launcelot in die nämliche Pferdesänfte, in die Königin Guinever gelegt worden war, bevor sie bestattet wurde. Und so gingen der Bischof und sie alle zusammen Tag um Tag mit Sir Launcelots Leichnam, bis sie nach Joyous Gard kamen; und immer hatten sie hundert brennende Fackeln um ihn. Und so kamen sie nach vierzehn Tagen nach Joyous Gard. Und dort legten sie seinen Leichnam in den Chor und sangen und lasen viele Psalter und Gebete über ihn und um ihn. Und immer lag sein Gesicht offen und bloß da, daß alle Menschen ihn sehen konnten. Denn das war der Brauch in diesen Tagen, daß alle Männer von Ehre so mit offenem Gesicht liegen sollten, bis sie beerdigt wurden. Und in dem Augenblick, als sie das Totenamt verrichteten, da kam Sir Ector von Maris, der sieben Jahre lang ganz England, Schottland und Wales durchzogen hatte, um seinen Bruder Sir Launcelot zu suchen.

WIE SIR ECTOR SIR LAUNCELOT, SEINEN BRUDER, TOT FAND, UND WIE CONSTANTINE NACH ARTUS REGIERTE, UND VOM ENDE DIESES BUCHES

Und als Sir Ector solchen Lärm und Licht im Chor von Joyous Gard wahrnahm, stieg er ab und versorgte sein Pferd und kam in den Chor, und dort sah er Männer singen und weinen. Und sie alle kannten Sir Ector, aber er kannte sie nicht. Da ging Sir Bors zu Sir Ector und berichtete ihm, wie da sein Bruder Sir Launcelot tot lag; und da tat Sir Ector Schild, Schwert und Helm von sich. Und als er Sir Launcelots Gesicht sah, fiel er ohnmächtig nieder. Und als er erwachte, da kann keine Zunge die schmerzlichen Klagen berichten, die er um seinen Bruder anhub. Ah, Launcelot, sagte er, du warst das Haupt aller christlichen Ritter, und getrost sage ich, sagte Sir Ector, nun du, Sir Launcelot, da liegst, daß du nie von der Hand eines irdischen Ritters besiegt worden bist. Und du warst der ritterlichste Held, der je einen Schild trug. Und du warst der treueste Freund deinem Freunde, der je ein Pferd bestieg. Und du warst der treueste Liebende unter sündigen Männern, der je ein Weib geliebt hat. Und du warst der gütigste Mann, der je das Schwert gezückt hat. Und du warst der trefflichste Held, der je ins Getümmel von Rittern ritt. Und du warst der liebenswürdigste und artigste Mann, der je in der Halle bei Frauen saß. Und du warst der strengste Ritter gegen deinen Todfeind, der je die Lanze einlegte. Nun war da Weinen und Klagen über alle Maßen. So ließen sie Sir Launcelots Leichnam vierzehn Tage lang offen, und dann begruben sie ihn in großer Feierlichkeit. Und dann gingen sie alle gemächlich mit dem Bischof von Canterbury in seine Einsiedelei, und dort waren sie über einen Monat zusammen. Dann wurde Sir Constantine, das war Sir Cadors von Cornwall Sohn, zum König von England erwählt. Und er war ein sehr edler Ritter und regierte dieses Reich ruhmvoll. Und dann schickte dieser König Constantine nach dem Bischof von Canterbury, denn er hatte gehört, wo er war. Und so wurde er wieder in sein Bistum eingesetzt und verließ diese Einsiedelei. Und Sir Bedivere blieb da immer Einsiedler bis zum Ende seines Lebens. Dann zogen Sir Bors von Ganis, Sir Ector von Maris, Sir Gahalantine, Sir Galihud, Sir Galihodin, Sir Blamore, Sir Bleoberis, Sir Villiars der Tapfere, Sir Clarrus von Clermont, all diese Ritter zogen in ihre Länder. Zwar hatte sie König Constantine bei sich haben wollen, aber sie wollten nicht in diesem Reiche bleiben. Und da lebten sie alle in ihren Ländern als heilige Männer. Und einige englische Bücher behaupten, sie hätten nach Sir Launcelots Tode England nie mehr verlassen, aber das ist nur unwahres Geschreibe. Denn das französische Buch berichtet und ist beglaubigt, daß Sir Bors, Sir Ector, Sir Blamore und Sir Bleoberis in das Heilige Land zogen, wo Jesus Christus lebte und starb, sowie sie ihre Länder in Ordnung gebracht hatten. Denn das Buch sagt, dies hatte Sir Launcelot ihnen zu tun geboten, ehe er aus dieser Welt geschieden war. Und diese vier Ritter schlugen viele Schlachten gegen die Ungläubigen oder Türken. Und da starben sie an einem Karfreitag um Gottes willen.

Hier ist das Ende des Buchs von König Artus und von seinen edlen Rittern der Tafelrunde, die, wenn sie alle zusammen da waren, einhundertvierzig waren. Und hier ist das Ende vom Tod Artus'. Ich bitte euch alle, edle Herren und Damen, die dieses Buch von Artus und seinen Rittern vom Anfang zum Ende lesen, bittet für mich, solange ich am Leben bin, daß Gott mir ein gutes Ende schicke, und wenn ich tot bin, bitte ich euch alle, betet für meine Seele. Und dieses Buch wurde geendet im neunten Jahr der Regierung des Königs Eduard des Vierten, von Sir Thomas Maleore, Ritter, Jesus helfe ihm in seiner großen Macht, wie er bei Tag und Nacht Jesu Knecht ist.

So endet dies edle und frohe Buch, genannt Le Morte d'Artus, obwohl es handelt von der Geburt, dem Leben und den Taten besagten Königs Artus, von seinen edlen Rittern der Tafelrunde, ihren wunderbaren Fahrten und Abenteuern, der Vollendung des Heiligen Grals, und am Ende von ihrer aller schmerzhaftem Tode und Scheiden aus dieser Welt. Dieses Buch wurde ins Englische übertragen von Sir Thomas Malory, Ritter, wie vorher gesagt, und von mir in einundzwanzig Bücher geteilt, mit Kapiteln versehen und gedruckt und beendigt in der Westminster-Abtei am letzten Juli im Jahr Unseres Herrn MCCCCLXXXV. Caxton me fieri fecit.

ARTUS – DER MYTHISCHE UND LITERARISCHE KÖNIG

Von Volker Mertens

König Artus ist ein Mythos, heute lebendiger denn je; Buch und Film haben entscheidend dazu beigetragen. Ob König Artus eine historische Person ist, bleibt umstritten, eine literarische ist er seit dem 12. Jahrhundert. Am Ausgang des Mittelalters hat Thomas Malory die Erzählungen von Arthur (so die englische Namensform) zusammengefaßt, und in dieser Form wurden sie zur Grundlage der Wiederbelebung des Artusmythos seit dem 19. Jahrhundert bis in die Gegenwart.

Im 5. Jahrhundert soll ein britischer Heerführer mit Namen Arthur siegreich die eindringenden Angeln und Sachsen bekämpft haben; so berichtet es eine lateinische Chronik, die 829/30 in Wales entstanden ist, die ‹Historia Britonum›. Arthur ist also ein keltischer Held mit einem lateinischen Namen, abgeleitet von «Artorius». In ihm verdichtet sich die historische Situation, daß heimische britische Krieger unter römischen Heerführern gegen die sächsischen Invasoren kämpften. Arthur soll zwölf Schlachten gegen die sächsischen Könige geschlagen und in der letzten beim Berg Badon (in Wiltshire?) einen großen, jedoch verlustreichen Sieg errungen haben. Christ soll er gewesen sein und ein Marienbild auf dem Rücken getragen haben. Als Heerführer erscheint Arthur auch in den walisischen Annalen (Annales Cambriae) aus dem 10. Jahrhundert, hier findet sich der Name des Kampfgenossen Medraut, der als

Mordret später eine gegensätzliche Rolle spielen wird. Als König wird Arthur zuerst im 12. Jahrhundert genannt. Es scheint also walisische und bretonische Sagen von einem siegreichen Kämpfer für die keltische Herrschaft auf den Britischen Inseln gegeben zu haben. Mit der normannischen Eroberung 1066 kamen Bretonen nach England, die die national-britische Tradition im Zusammenspiel mit walisischen Überlieferungen an den Namen Arthur knüpften. Letztere sind durch die Prosaerzählung ‹Culhwch und Olwen› aus der Zeit um 1100 belegt: Arthur ist der Vetter Culhwchs und hilft ihm bei übermenschlich schwierigen Aufgaben, um Olwen, die Tochter eines Riesen, zu gewinnen. Arthur ist Herrscher und Kämpfer, seine Gefährten sind Cai (Keie), Bedwyr und Gwalchmai (Gauvain), seine Frau heißt Gwenhwyfar (Guenievre). Zum geschichtlichen König wird Arthur dann in der ‹Historia Regum Britanniae› des Geoffrey von Monmouth (vollendet spätestens 1138). Arthur repräsentiert also einerseits die alte britische Tradition, andererseits einen neuen Herrschertypus, der einem aufwendigen Hofleben präsidiert: er veranstaltet prächtige Feste, repräsentative Ritterspiele und Turniere, fördert die Sangeskunst und die Wissenschaft. Gewidmet ist das Werk u.a. König Stephan von England, einem Enkel Wilhelms des Eroberers, der damit zugleich als Erbe der alten britischen Traditionen und als Begründer einer neuen Hofkultur ausgewiesen werden sollte. Der Arthur-Teil der Chronik beginnt mit dessen Vorfahren: Constantin, einem Heerführer aus der Bretagne, und seinen Söhnen Aurelius Ambrosius und Uther Pendragon. Dieser begehrt Ygerna, die Frau des Herzogs von Cornwall und täuscht sie mit Hilfe des Propheten Merlin: in der Gestalt des Gatten zeugt er Arthur mit ihr und heiratet sie, da ihr Mann in der gleichen Nacht im Kampf getötet wird.

Mit fünfzehn Jahren wird Arthur der Nachfolger seines

Vaters, kämpft siegreich gegen die Sachsen und heiratet Guinevere, die aus alter römischer Familie stammt. Er erobert die umliegenden Reiche, besiegt in Gallien den römischen Tribun Frollo und hält Hof in Paris. Er wird nach Rom befohlen, um sich vor dem Kaiser zu verantworten; als er unterwegs ist, bemächtigt sich sein Neffe Mordred der Herrschaft und der Königin. Arthur kehrt zurück, schlägt Mordred, wird aber schließlich tödlich verwundet und auf die Insel Avalon gebracht zur Heilung seiner Wunden. Von dort werde er dereinst wiederkommen, so hoffen die Briten. Das Bild des Königs wird neben den militärischen Erfolgen vornehmlich von dem großen Hoffest in Carlion geprägt (9. Kapitel). Die runde Tafel kennt Geoffrey noch nicht, wohl aber sein «Übersetzer» Maistre Wace, der die ‹Historia› in einen volkssprachlichen Versroman (knapp 15 000 Elfsilber) umgeformt hat, den ‹Roman de Brut› (‹Französische Erzählung von Brutus›, dem sagenhaften Begründer der britischen Herrschaft). Nunmehr trägt der König den französischen Namen Artus und erhält den typischen Beinamen «der Gute». Wace erweitert die Darstellung höfischer Repräsentation, die Damen spielen nunmehr eine wichtige Rolle, jede hat ihren Freund (amis), der für sie ritterliche Ehren erwirbt. Für die runde Tafel, die Artus einrichtet, um die (in der Realität üblichen) Rangstreitigkeiten zu vermeiden, beruft Wace sich auf bretonische mündliche Erzählungen. Die fortgetriebene Höfisierung des Königs entspricht der kulturellen Weiterentwicklung der englischen Herrschaft unter König Heinrich II. (seit 1154), für den der Roman verfaßt wurde.

Während Geoffrey und Wace ausdrücklich Chroniken schreiben, ist das bei Chrétien de Troyes und seinen Nachfolgern anders. Es geht ihnen nicht mehr um Geschichte, sondern Geschichten und zwar weniger von Artus selbst als von seinen Tafelrundern: Erec, Yvain (Iwein), Lancelot, Perceval und immer wieder neuen. An ihnen werden Probleme der ritterlichen Wertordnung und Lebensführung abgehandelt: Erec «verliegt» sich mit seiner schönen Frau Enite und vernachlässigt seine Pflichten als Regent des Landes, beide müssen auf einem Abenteuerweg lernen, den eigenen Glücksanspruch und die Aufgaben der Herrschaft miteinander zu verbinden. Yvain verläßt seine Frau bald nach der Hochzeit, um am Artushof zu turnieren, wie er es als Jungritter gewohnt war, seine Frau Laudine bleibt dadurch in ihrer Herrschaft ohne einen Landesverteidiger. Yvain lernt seinerseits, daß es Ritterpflicht ist, bedrängten Frauen beizustehen und kann daher wieder von Laudine als Gemahl und Landesherr angenommen werden. Im ‹Lancelot› wird die höfische Liebe problematisiert: der beste Ritter begeht seine Taten für Guenievre, die Frau seines Königs, er dient ihr in vollkommener Weise, befreit sie sogar, als sie entführt worden ist. Sie belohnt ihn mit ihrer Hingabe. Das entspricht dem höfischen Ideal, widerspricht jedoch der öffentlichen und kirchlichen Moral. Chrétien hat diesen Widerspruch nicht lösen können, den Roman von einem anderen Autor vollenden lassen; er wird dann im ‹Prosa-Lancelot› ausgetragen (s.u.). Im ‹Perceval› bringt die Gralsthematik die transzendente Sphäre ein; in Chrétiens unvollendetem Werk wird sie allerdings nicht gegen die weltliche des Artushofes ausgespielt, das wird wiederum erst im Prosaroman der Fall sein. Mit Ausnahme des problematischen ‹Lancelot› werden Chrétiens Romane ins Deutsche übernommen: Hartmann von Aue schafft einen ‹Erec› und ‹Iwein›, Wolfram von Eschenbach den ‹Parzival›. In der Folgezeit gibt es in Frankreich und Deutschland unabhängig voneinander viele Romane um diverse Artushelden.

Die historisierende Artuserzählung, die Rittergeschichten in einen geschichtlichen Ablauf integriert, findet einen neuen Höhepunkt in dem anonymen ‹Prosa-Lancelot›, der im zweiten und dritten Jahrzehnt des 13. Jahrhunderts in Nordfrankreich von einer Autorengruppe unter einem «Architekten» verfaßt wird. Kern ist der ‹Lancelot' (‚Karrenritter') von Chrétien de Troyes. Seine ehebrecherische Liebesbeziehung zur Königin Guenièvre verstößt gegen die Loyalität zu Artus, das Sittengesetz und das sechste Gebot. An ihm lassen sich daher die Grenzen des höfischen Ehrenkodex' besonders klar aufzeigen. Chrétien hatte auf diese Konsequenz verzichtet, aber die geistlichen Verfasser des Prosaromans hatten gerade sie im Sinn. Im ältesten Stück, dem ‹Lancelot propre›, wird die Lebens- und Liebesgeschichte des Helden noch ohne explizite Wertung erzählt, in den beiden folgenden Teilen wird dann der moralische Aspekt dominant: Lancelot scheitert wegen seiner Sünde bei der Gralssuche in der ‹Queste del Saint Graal› und sein ehebrecherisches Verhältnis führt zur Desintegration des Hofes, letztlich sogar zum Untergang des Reiches in der ‹Mort Artu›. Diese drei stilistisch unterschiedlichen Teile bilden den Kern, der später noch um die Vorgeschichte des Grals (als von Joseph von Arimathia gerettete Abendmahlsschüssel Jesu und Gefäß des Blutes) und die des arthurischen Königtums (‹Merlin›) erweitert wurde. Der ‹Prosa-Lancelot› war ein großer Erfolg: es gibt etwa einhundert Handschriften, er gelangte sogar in den Buchdruck und wurde siebenmal verlegt.

Um 1250 entstand eine weitere große arthurische Prosaerzählung, der neu bearbeitete sog. Post-Vulgata-Zyklus mit einer Geschichte des Grals, einem ‹Merlin› (Vorgeschichte des Artusreichs), einer ‹Suche nach dem heiligen Gral› und einer ‹Mort Artu›. Die Lancelot-Geschichte ist eliminiert und das Artusreich geht jetzt wegen der inzestuösen Verbindung des Königs mit seiner Halbschwester zugrunde: aus ihr entsteht später der Verräter Mordred. Die Gralsuche Galahads wird neu motiviert: der Ritter Balin hat den Gralkönig mit der Heiligen Lanze verwundet, Gott straft deshalb das Land und läßt es wüst werden, Galahad will mit seiner Suche König und Reich erlösen.

Der Post-Vulgata Zyklus gehört zu den Quellen Thomas Malorys. Ferner benutzt er den ‹Prosa-Lancelot› und den französischen ‹Prosa-Tristan› sowie zwei mittelenglische Gedichte vom Tod des Königs Artus und weitere unbekannte Quellen. Während die französischen Prosaromane die einzelnen Teile durch ein differenziertes System von Verknüpfungen aufeinander beziehen, stellt Malory Handlungsblöcke zumeist unverbunden nebeneinander. Er erzählt im wesentlichen sieben Geschichten: Arthurs Jugend und Mannesjahre (nach dem ‹Prosa-Merlin› [Suite du Merlin] des Post-Vulgata Zyklus und der stabreimenden mittelenglischen ‹Mort Artu›), den Lancelot (nach Auszügen aus dem ‹Prosa-Lancelot› und dem altfranzösischen ‹Perlesvaus›), von Gaweins Bruder Gareth (nach einer unbekannten, vermutlich französischen, vielleicht auch englischen Vorlage), von Tristram (nach den ersten beiden Büchern des französischen ‹Prosa-Tristan›), die Gralsuche (nach der ‹Queste› des ‹Prosa-Lancelot›), von Lancelot und Guenevere und dem Tod des Königs Artus (nach der französischen ‹Mort Artu› des ‹Prosa-Lancelot› und der mittelenglischen strophischen ‹Mort Artu›). Malory exzerpiert und konzentriert seine Quellen, kombiniert sie neu und erfindet wohl auch welche, die angeblich auf französische Romane zurückgehen, es ist Text in ihrem Geist. Wegen seiner reihenden Technik ist es gut möglich, einzelne Geschichten (wie in der vorliegenden Ausgabe) herauszugreifen.

Er beginnt mit Uther Pendragon und Igraine, Merlins Hilfe beim Gestaltentausch und der Zeugung von Arthur, der sich dadurch zum König qualifiziert, daß er ein Schwert aus einem Stein zieht. Er zeigt sich als erfolgreicher Krieger und erfährt Unterstützung von Merlin, der ihm auch zu seinem Schwert Excalibur verhilft. Aus einer Reihe von Abenteuern sticht die Verwundung des Gralkönigs durch Balin (der «Schmerzliche Schlag») hervor. Buch III beginnt mit Arthurs Heirat und der Gründung der Tafelrunde, es folgen Abenteuer verschiedener Ritter, darunter Gawains, die Ränke von Arthurs Halbschwester Morgane, der Zug nach Rom und der Kampf gegen Kaiser Lucius. Lancelot steht kurz im Zentrum, dann Gareth und schließlich Tristram nach der Vorlage des altfranzösischen Prosaromans. Von Buch XI-XVII ist die ‹Suche nach dem heiligen Gral› die einzige Quelle, die «wahrste und heiligste Geschichte der Welt». Den Abschluß bildet der Tod des Königs Arthur (XVIII-XIX), auf den die Erzählung von Beginn an zusteuert. Die Abenteuerbuntheit überwiegt jede programmatische Sinngebung; Malory schafft eine Summe der mittelalterlichen Rittererzählungen, von denen viele auf Englisch vorher nicht existierten. Malory darf daher als der große Vermittler der arthurischen Geschichten v.a. für die englischsprachige Welt gelten. Gedruckt wurde sein Compendium zuerst 1485 durch William Caxton und bis 1634 fünfmal aufgelegt. Dann verschwand es in dem Dunkel, das sich in Europa über die mittelalterliche Literatur legte. Zu Beginn des 19. Jahrhunderts wurde Malorys Werk wieder ans Licht gezogen durch Walter Scott. Damit begann eine breite Rezeption; das bedeutendste Werk des Jahrhunderts, das auf Malory zurückgeht, ist die Folge von Versdichtungen Alfred Tennysons: ‹Idylls of the King›, John Steinbeck erzählte den ‹Morte Darthur› 1958/59 nach (unvollendet) und der erfolgreiche Hollywoodfilm John Bormans, ‹Excalibur› geht ebenso auf Malory zurück wie der völlig gegensätzliche Autorenfilm Bressons ‹Lancelot du Lac› von 1974. Die Tatsache, daß Arthur/Artus heute ein populärer Mythos ist, bleibt Malory zu verdanken, denn er in allererster Linie lieferte und liefert dem heutigen Artusmythos die Grundlagen – bis hin zur Apostrophierung der Kennedypräsidentschaft als ‹Camelot›. T.H. White nahm Malory zur Basis seines erfolgreichen Romans ‹The Once and Future King› (1939, deutsch ‹König auf Camelot› erst 1958), worauf wiederum Tankred Dorsts vielgespielter ‹Merlin› (1981) zurückgeht. Hier gibt es jedoch, anders als bei White, keinen «Future King», sondern nur den Untergang. Hollywoodfilme zeigen das verständlicherweise meist anders.

Die vorliegende Auswahl ist auf die Geschichte des Königs Artus zentriert bei Reduktion von Nebenhandlungen wie der um Kaiser Lucius. Von den größeren Handlungskomplexen wurde sowohl auf die Tristangeschichte wie auf die ‹Suche nach dem Heiligen Gral› verzichtet, auch die (aus unbekannter Quelle stammende) Erzählung von Gareth kommt nicht vor. So bietet die Ausgabe im wesentlichen das, was im Spätmittelalter von Artus erzählt wurde.

Die Übersetzung stammt von der deutschen Dichterin Hedwig Lachmann. Sie war mit Richard Dehmel befreundet und mit Gustav Landauer verheiratet, sie hatte v.a. mit ihrer Übertragung von Oscar Wildes ‹Salome› (die die Grundlage der Oper von Richard Strauss wurde), großen Erfolg. Sie übersetzte von Wilde auch ‹Das Bildnis des Dorian Gray› sowie Werke von Edgar Allan Poe und Joseph Conrad. In der vorliegenden Fassung wurde Malorys «Arthur» in die geläufigere (französische) Namensform «Artus» geändert und aus dem «runden Tisch» wurde die gängige «Tafelrunde». Hedwig Lachmann ist es gelungen, Malorys spätmittelalterliches Englisch in ein gut lesbares, aber nicht zu gefälliges und alltägliches Deutsch zu bringen und damit die Faszination einer fremden und fernen abenteuerbunten Welt in der heutigen Zeit zu erhalten.

Dem vorliegenden Band liegt die folgende Ausgabe zugrunde:

Thomas Malory: Der Tod Arthurs, übersetzt von Hedwig Lachmann, Leipzig 1918

Die Auswahl umfaßt die hier aufgeführten Kapitel:
1. Buch: Kapitel 1, 2, 3, 4, 5, 6, 7
3. Buch: Kapitel 1, 2, 3, 4, 5, 6, 7, 8
4. Buch: Kapitel 1, 6, 7, 8, 9, 10, 11, 12
5. Buch: Kapitel 1, 3, 4, 5
11. Buch: Kapitel 1, 2, 3, 4, 5, 6, 7, 8, 9, 10
19. Buch: Kapitel 1, 2, 3, 4, 5, 6, 7, 8
20. Buch: Kapitel 1, 2, 3
21. Buch: Kapitel 1, 2, 3, 4, 5, 6, 7, 8, 9, 10, 11, 12, 13